무와 숭어

박성기
일본 큐슈 미야꼰조 출생
경북사대 영어과 졸업
교육장 및 교육위원 역임
『미리벌 교육』주간
『교육장이 되는 길』발간
「회유」로『경남문학』신인상 수상

무와 숭어

초판 발행일 2012년 8월 20일

지은이 박성기
발행인 이성모
발행처 도서출판 동인
주 소 서울시 종로구 명륜2가 237 아남주상복합아파트 118호
등 록 제1-1599호
TEL (02) 765-7145 / FAX (02) 765-7165
E-mail dongin60@chol.com / Homepage donginbook.co.kr
ISBN 978-89-5506-508-4
정가 11,000원

무와 숭어

박성기 지음

도서출판 동인

글쓴이의 말

‘무와 숭어’는 도태대상이다.

무 캐는 할머니는 이내 돌아가시면 된다.

멍텅구리 숭어는 살아 있어도 그만이고 죽어도 괜찮다. 그들이 사라지면 세상은 한동안 조금 어두워질 것이다. 그들은 방사선원소의 감마선이다.

1부 ‘사과 바다’는 걸신들리듯 좋아하는 나의 밑바닥이다. 바닥은 유동적이고 뜨겁다. 더럽고, 아니꼽고, 매스꺼운 것들을 싸잡아 용해시킬 도가니다.

2부 ‘봄날은 간다’는 한참 쳐진다.

완행기차여행이 그렇다. 덜커덩거리는 소리가 삼십 리 밖에서도 들린다는 그 소리가 그렇다.

몸 따로 마음 따로 분리된 행동들의 점철이 수북하다.

틈새를 비집고 나가려 한다.

쓰고 싶어서 발광이 난 허섭스레기다.

개중에 ‘도’라 생각 키운 것, 몇 수 뽑아내 더 허접스레하다.

읽는 이 있어, 꼬집어주신다면 고이 받아드리리다.

담긴 순서

제2부 | **봄날은 간다**

제1부

바다 사과

세살 때

세살 버릇 여든까지 간다고 한다.

지금의 나는 여든 밑자리를 깐 즈음이어서 이따금 살아온 길을 뒤돌아보게 된다. 세살 때 나는 과연 어떻게 살았을까? 모든 게 기억 밖에 있어 떠올릴 수 없다. 그때의 어떤 버릇이 현재의 나에게 영향을 미치는지는 미지수다. 세월이 더 흐르고 팔십에 이르러 돌이켜 생각해보면 문득 떠오르는 것이 있을 수 있을까? 그럴 것 같지가 않다. 그러나 생각을 더해갈수록 기억 안으로 파고드는 사연이 없지는 않다. 신빙성이 문제다. 그것이 어떻게 세살 적일 때인지 행여 다섯 살 적 기억인지 내세울 증거가 없다.

유아사망률이 높았던 시절에는 태어난 지 삼사년 후에야 호적에 이름을 싣기도 했다. 그러기에 나이 때문에 손해를 본 사람이 있는가 하면 이익을 본 사람도 적지 않다. 그들은 대개 부모가 무식한 소치의 탓으로 돌리는 경우가 많았다. 그런데 진짜 나이를 아는 사람은 어머니뿐일 것 같다. 아버지는 자식들 생일조차 제대로 챙기지 못한다. 그 많은 자식들 일일이 개인

신상을 어떻게 관심에 두었으랴. 그저 낳는 일에만 일조를 한 셈이다. 예외는 있게 마련이지만.

조그만 암자를 찾다보면 들머리에 암자까지의 거리를 알려주는 이정표가 서있다.

○○암 2km.

2km면 걸어서 30분이면 족히 갈 수 있는 거리다. 그런데 30분이 한 번 지나고, 두 번을 지나도 암자는 보이지 않는다. 그런데 묘한 게 이젠 포기해야겠다고 발걸음을 돌리려면 멀리 뾰족한 바위위에 걸터앉은 암자가 모습을 드러낸다. 그때부터 30분 거리에 있는 것이 암자다.

한 개가 아니고 한두 개, 조금 많다싶으면 여남은 개로 통하다보니 예부터 우리네 생활에는 숫자개념이 불분명했다. 뭔가를 증명할 기록이 미미한 역사 속에서 살다보면 그게 편할지도 모른다. 굳이 따질 필요가 없어서 좋다. 따지는 쪽이 피해자가 될 수도 있다. 그러니까 이럴 수도 있고 저럴 수도 있어 좋은 것이다. 세 살 때면 어떠하며 다섯 살 때면 또 어떠하랴.

나는 일본의 남부지방 큐슈에서 태어나 일곱 살 되던 해 귀국했다. 그러니까 일본에서의 나의 기억은 일곱 살 이전의 것일 게다. 그런 논리라면 나도 꽤나 할 말이 있다. 어머니, 아버지가 후일담으로 나의 기억에 보태어 준 것을 제외하고도 말이다.

나는 내가 기저귀를 찼던 기억은 도무지 없다. 그런데도 어머니가 연못

가에서 기저귀를 빨면 송사리 떼가 몰려들던 모습이 선해진다. 누군가가 나에게 들려준 적 없는 순수한 내 기억 속의 생생한 모습이다.

어릴 적 나는 잔병치레를 많이 했다고들 했다. 그러나 나는 그런 기억들 중 어느 일부도 머릿속에 담아두지 못하고 있다. 내 위로 한 명, 내 밑으로 두 명이 애기죽음을 했으니까 부모님께서야 나를 붙들어야 할 절체절명의 운명이었을 것이었다. 그런데도 여차하면 정기를 얹어 숨을 멈추고 얼굴이 새파랗게 질리곤 했으니까 애간장을 태우고도 남았을 것이었다. 와중에 내게 남아있는 소중한 기억은 깜깜한 밤에 배를 탔다는 것이었다. 처음에는 그것이 배인 줄을 몰랐다. 귀국 후 어느 날 배를 탄 적이 있었는데 그때 그런 느낌을 받았었다. 훗날 어머니는 내가 아플 때마다 큐슈에서 혼슈인 하관으로 배를 타고 병원엘 다녔다고 했다. 밤낮으로 상황이 생겼을 때마다 다녔겠지만 나의 기억 속에는 다만 어둠과 배가 연결 지어져 있을 뿐이었다.

내 이름을 지어주셨고 나를 극진히 아껴주셨다는 무라야마 씨, 나를 업어 키우셨다는 미야꼬 아줌마는 어머니에게서 들은 얘기에 불과했다. 여섯 일곱 살 때의 기억을 염주를 꿰듯 횅하니 엮어내는 여느 아이들과는 다른 것 같았다.

귀국길에 오르기 전 2년간은 악몽과 같은 시기였다. 하루에도 몇 번씩 정기를 하는 처지에, 날만 새면 좁은 방공호로 달려가 해가 빠질 때까지 단말마적인 비행기 소리와 대포소리를 들어야 했다. 판자촌이 송두리째 깨지는 소리, 피를 흘리며 죽겠다고 소리를 지르는 사람들, 잡음밖에 흘러나오지 않는 라디오, 독전하는 군가소리, 대책 없는 소리 소리들 때문에 나는 재생 불가능한 기억력 후퇴현상을 경험하게 된 것 같았다. 내가 마지막으로 기억하는 것은 거대한 불빛이었다. 나는 분명 그 불빛을 목격했지만 그리고 아주 오랜 시간 감상했지만 그 빛이 어디서 왔는지를 알 수 없었다. 다만 그 빛을 보기 전까지의 모든 기억을 상실했다가 그 빛을 봄으로 인해 그때 부터의 기억을 생생하게 보전할 수 있었다고 생각한다. 소위 충격요법으로 인해 새로운 기억을 뇌리에 심어나갈 수 있었던 것 같았다. 어머니는 언젠 가 함구하고 계셨던 얘기를 한 적이 있었다. 귀국선 중 한 척이 포탄을 맞아 삼일동안 불타다 물속으로 가라앉았다는 것이었다.

그 후 40년이 지나도록 내가 태어난 곳은커녕 일본 근처에도 가보지 못했다. 그러다 장학사가 되어 도교육청에 근무하게 되었을 때 일본 문부성 초청으로 동경을 중심으로 20일간 해외나들이를 할 기회가 있었다. 그때 내가 태어난 큐슈에 대한 생각이 퍼뜩 떠올랐다. 우리 일행은 주로 동경에 서 머물렀고, 여행코스로 나고야와 오사카까지만 갔을 뿐 그 아래쪽으로는 가지 않았다. 이렇듯 일본 여행의 길이 터이자, 내가 교육위원으로 재선되 면서 북해도와 큐슈, 그리고 대마도까지 갈 수 있게 된 것은 나에게 큰 행운 이었다. 도교육청 간부들과 함께 갔었던 큐슈에는 바쁜 일정으로 짜여있어 큐슈의 작은 시골마을 미야꼰조를 찾는 것은 불가능했다. 훗날을 기약하기 로 하고 돌아온 것이 25년이 훌쩍 지나가버렸다.

생애 마지막 여행지라 일컫는 몽골을 우연찮게 다녀온 지도 5년이 지 나갔다. 나에게도 몽골여행이 나의 마지막 여행지가 되고 말 것인가? 하지만 나의 꿈은 그래도 내가 태어났던 그곳에 한 번 다녀오는 일이 남아있는 마지막 여행이기를 소원한다. 그때 그 사람들은 대부분 고인이 되었겠지만, 그리고 골목길이랑 연못, 아름드리 아열대 상록수들은 사라졌겠지만 태어난 고향에 대한 향수는 어딘가에 서려있을 것 같다. 더욱이 아내와 함께하려는 일본나들이는 뜻이 담길 것 같기도 하다. 그것은 우리 부부가 함께 해외여행을 한 번도 못한 이유도 있지만, 아내가 만학으로 일본어를 배웠기에 나에게는 소중한 길잡이가 되기도 할 것이기 때문이다.

어느 영화에선가 잃어버린 아들을 극적으로 찾은 장면이 생각난다. 전쟁 중에 아내는 폭격으로 희생되고 아들은 고아원에 맡겨져 생활을 하고 있다. 군인이었던 아버지가 전쟁이 끝나고 아들이 있는 고아원을 방문하는 장면으로 영화가 시작되고 있었다고 기억한다. 축구선수였던 아버지에 비해 아들이 볼을 차는 모습은 허술하기 짝이 없었고, 정신적으로도 강건하지 못한 아들을 보고 아버지는 실망한다. 아버지는 아들임을 포기하고 마지막으로 인형을 선물로 사준다. 아들이 인형을 보는 순간 '핑키'라고 속삭였을 때 아버지는 그만 뜨거운 눈물을 흘리고야 만다. 아버지가 세 살배기 아들에게 사준 인형의 이름이 '핑키'였기 때문이었다.

나는 어떤 기우를 찾으려는 것이 아니다. 여우도 죽을 때는 북쪽으로 머리를 둔다고 하지 않았던가? 하물며 생가를 찾는다는 게 사람 된 도리라 어찌 하지 않을 수 있을까?

내 여행의 다음 스케줄은 큐슈의 작은 시골 마을 미야꼰조가 될 것이다. 그곳에서 내가 세 살적 삶을 살아왔던 그곳에서 물씬 풍기는 향수를 달

래어보리라 다짐해본다. 영문을 모르는 아내에게도 나의 세 살적 얘기를 들
려주게 될 것이다.

포플러나무 아래

그 무렵 모라부근에는 자그마한 웅덩이들이 많아 낚시꾼들이 모여들었다. 강이 범람하면 황톳물과 붕어들을 웅덩이로 끌어넣었기 때문이다. 물반 고기반의 웅덩이에는 전문 낚시꾼들보다 어중이떠중이들로 북새통을 이루곤 했다. 그러니까 고기를 낚는다기보다 낚시에 물려 있는 고기를 건져 올린다는 표현이 맞을 것이다. 낚싯대 한번 들어보지 않은 넷째동생이 쌍다래끼를 연방 건져 올리는 것만 보아도 알만한 노릇이었다. 낚은 고기를 가둘 어망도 없어 풀줄기로 아가미를 꿰놓은 모습은 가관이었다.

내가 대학에 입학했던 해 여름방학이었다. 바로 아래 동생이 가족 낚시를 제안했던 것이 그 무렵이었다. 동생은 당시 중학생이었는데 어디서 낚시를 배웠는지 꽤나 낚시를 즐겼던 것으로 기억된다. 다섯 명의 형제들 낚시채비를 마련한 것도 그 동생이었다.

우리는 의기양양하게 낚시터로 향했다. 집에서 낚시터까지는 삼십 리가 넘는 원거리여서 우리는 시외완행버스를 타고 모라에서 내렸다. 꾼들이 군데군데 흩어져 낚시를 하는 모습이 눈에 띄었다. 개중에는 우리들처럼 어린이 부대가 총출동한 사람들도 있었다. 모두들 열심히 찻대를 노려보며 연신 물고기를 건져 올리고 있었다. 대다수가 아마추어들이어서 그런지 낚을 때마다 괴성을 질러대서 고기를 낚는 판인지 고기를 파는 시장판인지 구별이 되지 않았다. 어쨌든 웅덩이 주변은 파시를 이루고 있었다.

우리 형제들도 질세라 각자 웅덩이 한편에 자리를 잡았다. 나도 그랬지만, 바로 밑 동생을 제외하고는 채비를 차릴 줄도 모르고 있었다. 바로 밑 동생은 일일이 형제들의 채비며, 미끼까지 다 챙겨주었다. 우리 5형제의 막내는 겨우 초등학교 1학년이어서 낚시를 한다기보다는 성가시게 하는 일로 시간을 때웠다. 미끄러져 물에 빠지기도 하고, 잡은 고기를 놓아주기도 하고, 형들 이름을 고래고래 부르기도 하고. 그러다 지쳤는지 맏형인 내 옆으로 와서는 칭얼거리기 시작했다. 빨리 집에 가자고 떼를 쓰기까지 했다. 나는 낚시에 더 이상 몰두하고 싶지 않았지만 바로 밑 동생의 눈치를 살피지 않을 수 없었다. 이러쿵저러쿵 하는 사이에 시간은 흐르고 있었다. 막내는 결국 내 무릎을 베고 잠이 들어 버렸다. 막내의 머리맡으로 포플러나무 그늘이 가만히 내려앉아 있었다. 이마에 맺힌 동그란 땀방울이 수정처럼 유난히 빛나 보였다. 젖살이 내리지 않은 듯 볼통한 뺨에 반쯤 벌린 입술 사이로 가녀린 이가 가지런히 놓여있었다.

동생들은 나와 나이차가 많아 잘 어울리지 못했다. 나는 D시의 대학에 수학중이어서 방학이 아니면 집엘 가지 못했다. 방학 중에 이따금 집에 들려도 동생들과는 별로 나누는 이야기가 없었다. 오래만이어서 그저 눈인사

정도가 고작이었다. 내가 남만큼 동생들에게 자상한 성격이었다면 사정이 다소 달라졌을 것이다. 이제와 내가 동생들의 이야기를 곱씹는 것은 세월이 수없이 흘러 남동생 중 세 명과 여동생 한 명이 이미 고인이 되었기 때문이다. 돌이켜 생각해보면 모라 웅덩이에서 함께 낚시질을 했던 것이 유일하게 동생들과 어울렸던 것 같다.

　그리고 잊지 못할 한 가지 사연이 있다. 바로 밑 동생을 제외하고는 나처럼 낚시에 취미를 붙이지 못했다. 그랬는데 두 번째 동생이 대학 때 낚시를 갔다가 익사한 사건이 발생했다. 별다른 취미가 없었던 둘째 동생이 하필이면 혼자서 갯바위 낚시를 간 이유가 아무래도 납득이 가지 않았다. 유해를 태워 바다에 뿌리고 온 그날 밤 나는 도무지 잠이 오지 않았다. 둘째 동생과 지냈던 지난날들의 기억이 뒤엉켜 뜬눈으로 밤을 지새웠다. 그 후 나는 동생의 죽음으로 인해 노이로제라는 병을 얻어 7년간이나 긴 터널 속에 갇혀 버렸다. 노이로제가 얼마나 혹독한 시련을 안겨주는 병인지 겪고 나니 더 생생하기만 했다. 노이로제의 노자만 뻥긋해도 증상에 시달렸던 어제 일을 생각하면 웃음이 나온다. 그러나 나에게 있어서 노이로제의 끝은 제 2의 인생을 출발하는 계기가 되었다. 이제는 둘째 동생의 죽음을 순리로 받아들이고 고인이 된 동생에 대한 회고도 마음 놓고 할 수 있게 되었다.

　내가 고등학교에 다녔을 때니까 막내 동생이 다섯 살 때쯤이라고 생각된다. 여름방학이어서 고향에 가려던 참이었는데 동생이 느닷없이 따라나서겠다고 해서 하는 수없이 함께 길을 나섰다. 혼자서 고향에 간 것은 초등학교 때 한 번, 중학교 때 한 번, 그리고 그 때가 세 번째 길이었다. 여정은 조금 복잡했다. 집에서 시내버스로 시외버스 터미널까지, 시외버스 터미널에서 한참을 달리다 읍에서 하차, 접속 버스를 기다렸다 다시 시외버스로 갈아타고 가다 버스가 나룻배에 실려 도강을 하면 곧장 내려서 산골짝으로 들어가는 막차를 타는 것이었다. 그런데 막차가 있다곤 했지만 나는 타본 적이 없었다. 막내 동생과 나는 그 길을 가려는 것이었다. 우리가 읍에서 내렸을 때까지는 순조로웠다. 다음 버스를 기다리고 있었는데 웬 뚱딴지같은 녀석이 나를 따라오라는 것이었다. 보나마나 학생들의 호주머니를 등쳐먹는 불량배였다. 나는 순순히 호주머니의 동전까지 다 내주었다. 그는 나에게 모범생이구나면서 빈정거렸다. 결국 빼앗길 걸 주춤거리다보면 볼통이라도 얻어맞을 게 뻔했기에 먼저 내준 게 잘했다 싶었다. 무일푼인데 갈 길은 멀었다. 나룻배가 있는 곳까지는 30여리 길이었다. 한가운데쯤에 외가가 있긴 했다. 그런데 원래 외할머니는 아들이 있었지만 임진년 고뿔로 생때같은 두 아들을 한꺼번에 잃었었다. 그래서 지금의 외삼촌은 백골양자로 들인 분이셔서 들리기가 선뜻 내키지 않았다.

　동생과 나는 한나절의 땡볕과 맞서 걸었다. 그냥 걸었다기보다는 걷는 내내 동생을 업고, 동생과 뭔가를 중얼거리면서 걸었다. 처음에는 느릿느릿 먼 산도 살피고 가물치를 잡겠다고 연 밭에 뛰어들기도 했다. 그러다 긴 여름해가 서산에 걸리자 걸음이 빨라지기 시작했다. 태반은 뛰었다고 해도 과언이 아니었다. 동생은 지쳤는지 업힌 채 잠이 들었다. 등에서 자꾸만 미끄러져 내리는 동생 때문에 발걸음이 갈팡질팡 했다. 강 건너 나룻배가 있는 곳에 닿았을 때는 둥근 달이 중천에 떠올라 있었다. 미처 도강하지 못한 장꾼들 서너 명이 사공아 배부리라고 고함을 지르고 있었다. 일과시간이 파한 사공이 눈을 부비며 나룻 선을 저어 왔다. 젊은 뱃사공은 낙오한 장꾼들에게 일일이 인사를 했다. 그들끼리는 친교가 있는 것 같았다. 덕택으로 강은 건넜지만 막차가 떠나버린 십리 길은 어차피 걸을 수밖에 없었다. 할아버지 댁에 도착하더라도 빈대가 득실거리는 방안에서의 취침은 기대할 수 없는 것이었기에 늦게 도착한다고 해서 부담스러울 건 없었다. 다만 다섯 살배기 동생에게 점심 때 국수 반 그릇밖에 먹이지 못한 게 미안할 뿐이었다. 곧 동이 트면 할머니께서 반기며 아침밥을 지어주실 것이기에 그대로 잠이라도 푹 자 주었으면 싶었다.

포플러나무가 서있던 모라의 웅덩이 낚시를 접을 즈음이었다. 우리 5형제는 엄청 많은 붕어를 낚았다. 오전에 낚았던 고기는 죽어서 색깔이 허옇게 변해 버렸고, 나머지 잔챙이들은 물속으로 놓아주었지만 대부분 배를 뒤집고 둥둥 떠올랐다. 우리가 집으로 돌아갈 무렵에는 온 몸에, 온 옷에 비린내를 뒤집어쓰고 있었다. 빨갛게, 까맣게 햇볕에 그을린 얼굴들, 팔들, 그래도 우리는 행복했었다.

그때 내가 한 가지 제안을 했었다. 호주머니 사정이 여의치 않아 버스비밖에 없는데 이걸로 버스를 탈까? 아니면 찐빵이라도 사먹고 걸어서 갈까? 라고. 동생들은 모두들 주저 없이 먹고 가자고 했다. 김밥 몇 조각으로 점심을 때운 그들이기에 고된 낚시 끝에 먹자는 얘기는 앞뒤를 가릴 여유가 없게 했다. 몇 개씩의 찐빵을 거들 낸 동생들에게 남겨진 과제는 엄청난 고통을 가져다주었다. 변변찮았지만 구질구질한 낚시 도구를 들고, 할머니의 당부에 부응하느라 손바닥만 한 붕어가 가득한 어망을 메고, 삼십 리가 늘어진 밤길을 걷기 시작했다. 가도 가도 끝이 없는 길을 걷는 모습들은 전쟁통의 패잔병이 따로 없었다. 먼 마을의 불빛을 바라보고 걷다가 불빛을 뒤로하고 칠흑 같은 어둠속을 헤쳐 나가기를 거듭했다. 동생들은 꾸벅꾸벅 졸다가 비포장도로의 돌부리에 걸려 넘어지기 일쑤였다. 할머니는 그래도 무사히 돌아온 꾼들에게 위로는커녕 야단만 잔뜩 쳤다. 그날 저녁 나와 바로 아래 동생만 제대로 저녁식사를 했을 뿐 나머지는 숟가락 한 번 들어보지도 못하고 잠으로 떨어졌다. 그들에게 할머니의 야단이 무슨 소용이 있었을까? 할머니께서는 비린내를 가시느라 며칠을 고생하셨다. 그런 총중에도 할머니께서는 낚은 고기를 한 마리도 버리시지 않고 지지고, 볶고, 구워서 혼자서 다 드셨다. 우리 5형제는 그 누구도 물고기를 거들떠보지도 않았다. 원래 낚시꾼이란 낚는 일에만 열중하는 사람이지 먹는 사람은 따로 있게 마련인 모양이었다.

1950년대 말의 포플러나무가 있는 풍경이 떠오르자 동생들을 떠올리게 되고, 동생들을 떠올리다보니 포플러나무 그늘이 그리워진다. 고층건물의 숲이 들어서 있는 자리는 아름드리 포플러나무가 서 있었고 물 반 고기 반의 웅덩이가 있었던 곳이었다. 도란도란 이야기꽃이 피어났던 그곳 사람들은 저마다 추억을 안고 사방으로 흩어져갔다. 그들 중 대부분은 고인이 되었을 것 같다. 태어난 순으로 떠나지 못하고 남은 사람은 굵은 주름살에 회한의 정을 쌓아간다. 그때 그 신작로를 시골버스가 뽀얗게 먼지를 일으키며 달렸듯, 지금의 내 가슴이 뽀얀 먼지로 뒤덮여 있는 것 같다.

도시락

박태수 선생님은 초등학교 5학년부터 6학년까지 내리 나의 담임선생
님이셨다. 그 무렵 선생님은 30대 초반이었으며 키가 무척 크셨다. 머리카
락을 군인 아저씨 스타일로 깎아 올려서 키가 더 커보였다.

선생님은 도시락을 싸오셔서는 꼭 우리들과 같이 식사를 하셨다. 식사
를 하시는 선생님은 어찌나 맛나게 드시는지 무엇을 드시나 늘 궁금했었다.
5학년 6월에 맞은 6.25는 우리들에게서 모든 것을 앗아간 시기였으니까.
키가 작았던 나는 맨 앞자리에서 선생님의 젓가락이 오르내리는 것을 호기
심에 차 바라보았다. 교탁 옆 선생님 책상은 너무 높아 일어서지 않고는 아
무것도 볼 수가 없었다. 하루는 나의 궁금증을 아셨는지 선생님은 그 크신
키로 성큼 다가오시드니 대뜸 반찬의 절반을 저에게 덜어주셨다. 나는 얼떨
결에 반찬을 넘겨받았다. 선생님의 반찬은 온통 곤약뿐이었다.

5학년은 6개 반이 있었다. 우리 반은 5학년 4반으로 다른 반과는 달리
남녀혼성 반이었다. 멋쩍고, 민망스러워 남학생들은 안절부절 했었다. 반장

도 뚱뚱하고 괄괄한 여학생이었다. 그 여학생은 가정이 꽤 부유한 편인 것 같았고 공부도 아주 잘했었다. 그리고 선생님의 여남 동등권에 대한 깊은 생각도 한 몫 했음은 말할 나위 없었다.

여학생들이 용기 있게 먼저 말을 걸어와 차츰 교실 분위기가 나아지긴 했지만 남학생들의 위축된 분위기는 졸업 전까지도 잘 풀리지 않았던 것 같다. 선생님은 남학생들에게 프라이드를 가져야 한다고 강조하시곤 했지만 기선을 제압당해버린 남학생들은 꼬리를 감추기에 급급했다.

졸업 후 몇 번의 동기회를 가지면서 분위기는 반전되었다. 말하자면 우격다짐 식으로 남학생들이 주도권을 잡아나갔던 것이다. 거기에는 여학생들의 양보와 배려가 있었기 때문이다. 동창회장은 남자가 맡고 부회장은 남녀 각각 1명으로 하기로 회칙을 정해두었다.

선생님은 노래 부르기에도 일가견이 있었다. 선생님들 합창단에서는 빠질 수 없는 멤버였으며 이따금 지휘도 곧잘 하셨다. 지금도 내 머리 속에 강력하게 입력되어 있는 합창곡은 '오호! 낙동강'이다. 전쟁 중이라 독전하는 노래들이 많이 불렸었지만 그 중에서도 '오호! 낙동강'은 큰 의미를 담고 있어 널리 애창되었다. 아마도 선생님께서는 테너 파트를 담당하셨던 것으로 기억된다. 크신 키에 연미복을 입으신 선생님의 열창하시는 모습은 잊으려야 잊을 수 없다.

선생님께서는 내가 다녔던 초등학교의 교장선생님으로 봉직하시다 교직을 마무리하셨다. 내가 선생님의 퇴임식 연락을 받은 것은 식이 끝난 지 삼일이 경과한 시점이었다. 경남의 학교들을 일 년이 멀다하고 쫓겨 다니던 나로서는 어쩔 수 없는 노릇이었다.

아마도 나는 선생님께서 걸어오신 발자국을 따라 걸어온 것 같다. 교사 시절이나 심지어는 장학사 시절에도 도시락을 지참하고 다녔으니까. 언젠가 나의 교육장님이 대한민국에서 도시락 싸다니는 장학사는 박장학사뿐일 거라고 말씀하셨다. 나는 도시락을 먹을 때마다 선생님의 모습을 떠올리곤 했다. 곤약 반찬 한 가지로도 그토록 맛있게 식사를 하시던 모습이 떠오르면 없던 식욕도 저절로 생겼다.

부산 영도초등학교에서 시작과 끝을 맺으시고 학교의 기틀을 마련하신 박태수 선생님의 교육정신이 면면히 흐르기를 기원하며, 영도초등학교의 만년세세 무궁한 발전 있기를 두 손 모아 기원해본다.

잊지는 말아야지

1961년 내가 대학을 졸업할 때까지 수산대교는 없었다.

창원시 대산면과 밀양시 하남읍을 잇는 낙동강엔 나룻배가 유일한 교통수단이었다. 부산에서 혹은 마산에서 밀양으로, 또는 반대로 운행하는 버스도 나룻 선에 실어 날랐다. 홍수가 지면 이마저 불통이 되었다. 벌건 황톳물에 집이 떠내려 오고 소, 돼지가 심지어는 사람이 초가지붕을 타고 떠내려 오기도 했다. 수산과 십여 리 아래쪽 오산까지 밀려드는 물결은 제방을 넘어 파죽지세로 농경지며 집들을 집어삼켰다. 이를 때면 진종일 높고 긴 톤의 사이렌소리가 그치지 않았다. 6.25를 기점으로 지겹게 들어온 진저리 나는 소리였다.

6.25 때는 밀양과 인접한 창녕의 박진까지 인민군이 들이닥쳐 쿵쿵거리는 대포소리와 찢어질듯 한 비행기의 폭격소리를 밤낮으로 들었다. 특히 까만 밤이 되면 쌍방이 쏘아 올리는 포의 불꽃이 교차하면서 아름답게 보이기까지 했다. 피난 보따리는 돌 지난 아이들 책가방처럼 늘 걸머지고 있어

서 여차하면 어디로든 떠날 준비를 갖추고 있었다. 보따리에 든 것이라곤 겨우 미숫가루 정도였다. 불행 중 다행으로 전쟁은 소강상태를 이루다, 적은 낙동강 전선에서 물러났다. 수산과 인근으로 피난 왔던 북쪽 사람들도 떠나왔던 고향으로 되돌아갔다. 마루에서, 마당에서, 광에서 새우잠을 잤던 그들의 한이 얼마나 맺혔을까? 제대로 먹지도, 입지도 못하고 억지로 하는 더부살이가 얼마나 고단했을까?

우리 가족도 부산에서 밀양으로 피난을 갔다. 어쩌면 전쟁 속으로 자초하여 들어간 셈이었다. 내 바로 아래 아우는 배탈을 만나 피골이 상접할 정도로 야위어 있었다. 속절없이 동생 하나를 애장해야 할 지경에 이르렀다. 그러나 모진 게 목숨인지라 동생은 토룡탕(지렁이 삶은 물) 덕택으로 간신히 생명을 붙들 수 있었다. 동생은 군인들의 병원으로 이송되어 갔다가 우리 가족이 부산으로 내려갔을 때 다시 만날 수 있었다. 군인들의 부식인 수박을 실어 나르던 쓰리쿼터에 동생이 실려 가던 날, 눈알만 동그랗게 튀어나온 동생의 몰골을 다시는 이승에서 만나지 못할 것이라고 생각했었다. 낙동강의 치열한 박진전투에서도 살아남은 용사가 있었듯 내 아우는 그렇게 구사일생으로 생명을 건졌다.

일제강점기 때 놓였던 수산대교의 교각 위에 상판이 깔린 것은 1968년경이었다. 노폭이 좁은 다리여서 두 대의 버스가 교행하기에는 여간한 운전 기술을 요하는 게 아니었다. 강물을 음용수로 길러다먹던 수산 나루터는 사람들의 왕래가 끊겼다. 잉어회를 즐겨 찾던 지방의 유지들이 기생들을 앉히고 지화자를 찾던 풍속도는 간간이 맥을 이어가고 있었다. 명줄이 짧은 양반네들은 간지스토마로 저승길을 가로질러 갔지만.

이 무렵 새 다리 인도에는 모기를 피해 잠을 청하는 사람들로 북저거렸다. 다리의 한가운데까지 진출한 사람들로 인해 다리의 인도는 빈틈이 없었다. 강과 다리를 스쳐 부는 바람은 시원하기도 했거니와 짓궂은 모기와 끈적거리는 땀을 날려버리기에 안성맞춤이었다. 자정이 넘는 시각까지 목침에 돗자리를 들고 진을 치듯 행렬을 이룬 모습은 열대지방에서나 봄직한 풍경이었다. 양반이 따로 없었고 상놈이 따로 없었다. 반상이 무너지는 소리가 여기서 비롯됐던 것 같았다.

나의 고향은 수산에서 십리길 북쪽에 있었다. 전형적인 농촌이어서 내가 살고 있었던 부산과는 다른 점이 많았다. 낮에는 고향의 일상들이 인상적이었다. 갓 쪄낸 고구마랑 옥수수랑, 담 너머로 삐죽이 고개를 내민 감이며, 미꾸라지 잡이로 넉넉한 곳이 고향이었다. 저녁상을 물리면 고모님 방에 엉덩이가 펑퍼짐한 동네 처녀들이 모여들었다. 내가 가지고온 제니스 라디오를 청취하려는 것이었다. 그러나 깊은 밤으로 빠져들면 사정은 180도로 회전해버렸다. 옥수수 외피로 만든 불그레한 돗자리에서 스멀스멀 기어나오는 빈대들, 이 때문에 밤새도록 머리 밑을 벅벅 긁어대는 삼촌, 노린재, 지네가 득실거려 몬도가네를 연상케 했다. 나는 퀴퀴한 방에서 빠져나와 밤새도록 이슬을 맞으며 돌아다녔다. 어느 때는 수산까지 한두 번 왕복하다보면 날이 새기도 했다. 잠을 자느니 오히려 그렇게 하는 것이 마음 편했다. 새벽이 되어 물 길러 나온 숙모님은 내 머리 위에 내려앉은 이슬을 보고 안타까워 하셨다. 그리고 찬은 없더라도 우리 집에서 아침밥을 먹자고 했던 말씀이 너무나 고마웠다. 그런 아침이면 으레 큰사위에게만 잡아준다는 통통한 암탉을 따로 잡으셨던 기억을 잊을 수 없다.

지금은 대산과 수산 사이에 4차선 대교가 만들어져 수십 톤짜리 차들이 쌩쌩 달리고 있다. 인도도 넓디넓지만 아무도 목침과 돗자리를 들고 잠을 청하러 나오지 않는다. 게딱지같은 아파트에 틀어박혀 에어컨 바람에 취해 잠이 들고 깬다. 30분 동안이나 정전이 되어 온갖 피해를 입었다며 집단으로 손해청구를 하겠다고 법석대는 세상이 된 것이다. 나아가 관계 장관은 대국민 사과하고 물러나라고 한다. 시켜주면 그깟 장관할 사람 많다는 예기로 숫제 들린다.

우리 같은 6.25 세대들은 귀가 먹어 아무 말 들리지 않고, 입이 있어도 할 말이 없다. 세상 돌아가는 소리가 귀신 볍씨 까먹는 소리로 밖에 들리지 않는다.

그래서 무슨 별 일이 생길 거냐고!

그런다고 세상이 거꾸로 돌아갈 일이 있겠느냐고!

60년 전 전쟁 때 이쪽저쪽 할 것 없이 엄청 많이도 죽었다. 지금은 누구를 위하여 귀중한 생명을 버렸는지조차 희석되어가고 있다. 30년 전쟁주기설이란 말은 이미 두 30년이나 지나갔다. 또 전쟁이야 날려고! 피난보따리 한 번 짊어져 보지도 못하고 쑥대밭 만드는 전쟁, 씨를 말리는 큰 전쟁 말이다. 어차피, 언젠가는 지구상에서 인류가 절멸하는 운명에 처할 것을! 굳이 앞당겨야 할 충분한 이유가 있는 것일까?

6.25를 생각하면 지금이사 살맛나는 세상이고말고. 억지 퇴보라고 진보하는 사람은 말하겠지만, 나는 외려 원시로의 귀향이 그리운 것이다. 수산대교가 없던 시절, 푸른 낙동강 물을 마음껏 퍼마시던 추억은 이제는 가고 없다. 60년의 세월 속에서 못난 사람들이 그렇게 만들어버린 것이다. 또 다른 60년이 흘러 더 못난 사람들이 있어 우리나라를 추억의 나라로 만들어버릴지도 모를 일이다. 일본 침몰처럼, 대한민국 건국 1945년, 침몰 서기 몇 년(?).

지금 우리는 행여 아주 용감하게 그리로 가는 첫걸음을 내딛고 있는 것이 아닐까?

떫은 감

떫은 감일수록 홍시가 되면 더 달다고 한다.

우리나라에서는 오래전부터 감나무를 길렀다는 기록이 있다. 그런데 그 감나무는 죄다 떫은 감이었고 단감나무는 최근에 일본에서 수입해서 기르는 품종이라고 한다. 어찌했든 감은 우리의 기호식품인 것만큼은 분명하다. 제사상에도 밤, 대추 다음으로 감이 오르는 걸 보면 그만큼 우리네 생활과 밀접한 관계가 있는 것이다.

늦가을 시골 풍경은 빨간 홍시가 주렁주렁 달려 있어야 운치를 더한다. 나뭇가지에 매달려 있던 이파리가 다 떨어지고 찬 서리가 내리면 빨간 감은 유난히도 더 빛을 낸다. 추위에 몸은 움츠려들지만 마음만은 포근해지는 계절을 맞이하게 된다. 떫은 풋감이 달고 차진 홍시가 되듯.

내가 기억하는 주렁주렁 매달린 빨간 홍시는 김성혁 교수님의 앞마당에 서있던 키 큰 감나무이다. 수령이 얼마인지는 모르겠지만 높이가 30m는 족히 됨직 했다. 감나무의 키가 그렇게 큰 것은 여태 본 적이 없었다. 밑동을 안아보면 한 아름으로는 어림도 없었다. 가지도 무성해 사택의 지붕을 몽땅 덮고도 남음이 있었다. 그리고 그렇게 지천으로 매달린 홍시를 이전에는 본적이 없었다. 뜰 안으로 들어서면 언제나 축제 분위기를 자아냈다. 아마도 교수님은 그걸 보시고서 두고 온 이북고향을 생각하시는 것 같았다.

내가 처음 교수님 사택을 찾은 것은 참으로 부끄럽게도 교수님의 학점을 놓쳤기 때문이었다. 교수님이 강의하시는 영문법은 우리 과의 학생들이 학점을 놓치는 주된 과목이었다. 교수님은 좀은 특이하셔서 강의 개시 일에 불참하면 20점을 감점처리 하셨고, 종강에 빠지면 또 20점을 감점처리 하셨다. 시험점수는 꼭 숫자로 매기셔서 시작과 끝에 결석을 하면 60점을 만점으로 계산하셨다. 변명 같지만 하숙비를 아껴야 하는 우리들은 살아남을 재간이 없었다. 다른 과목은 대개 11월 말경이면 종강선언을 했지만 교수님의 종강은 12월 20일이 지나서야 했기 때문이다.

학점을 놓친 학생들은 다음 시험 전까지 교수님 사택에서 하는 레슨을 필수적으로 청강해야 했다. 그래야만 다음 학기에 놓친 학점을 신청할 자격을 주었기 때문이다. 그것이 내가 교수님의 사택을 찾은 이유의 전부였고 그해 늦가을부터 탐스럽게 익은 홍시를 매일 볼 수 있게 되었다. 수모를 치른 학생들은 훗날 현장학교에 배치되면서 문법박사 칭호를 다들 단 것으로 정평이 났었다. 이제 생각해보면 선견지명이 계셨던 교수님의 은혜가 아닐 수 없었다.

교수님의 또 다른 강좌는 시사영어였다. 60년대에 접어들 무렵이어서 시사영어는 실로 우리들에게 버거운 교과였다. 교재는 주로 다이제스트를 다루셨는데 사전에도 나오지 않는 신조어들일랑 교과서와는 판이하게 다른 문맥들일랑 우리를 곤혹스럽게 하는 것들이 한두 가지가 아니었다. 다이제스트 시험은 각자 교수실을 방문하여 각자에게 임의로 부과된 페이지를 해석하는 것으로 점수를 매기는 것이었다. 잘못된 부분을 칼로 도려내듯 찍어내 붉은 잉크로 마이너스 표시를 해나가셨다. 71점이 내가 받은 점수였을 거다. 다이제스트에서 학점을 놓친 친구는 한 명도 없었다. 지독한 '쪼알리스트'가 다 되었기 때문이다. 이참에 밝혀두고 싶은 것은 우리 대학에 교환교수로 근무하셨던 원어민 교수가 두 분이 계셔서 그들의 도움이 없었더라면 영문법 짝이 났었을 것이다. 두 분 원어민 교수님은 우리들의 구세주였고 우상이었다.

말년에 이르러 교수님은 과외를 그만두시든지, 교수직을 그만두시든지 택일을 해야 할 운명에 놓였을 것이다. 교수님은 기꺼이 교수직을 던지시고 후학을 위한 과외를 선택한 것으로 기억하고 있다.

교수님은 하루 500단어를 사전 뒤지는 일에 시간을 배려하셨다. 교수님의 낡은 가죽가방 속에 든 영영사전은 왼손 엄지손가락 끝이 지나면서 1cm 정도 깊이의 홈을 패이게 했다. 그 홈은 블랙홀처럼 까맸었다. 노력에 노력을 보태시는 교수님이 뭣이 부족해 그토록 홈이 패일만큼 사전을 뒤지셨는지, 나는 졸업 후 교단에 선 지 10년 차에 그 진리를 터득하게 되었다. 어렵다고 혀를 내두르는 고3 모의고사 시험지의 모범 답이 빠짐없이 사전에 실려 있다는 사실을. 비록 시간은 많이 걸리지만 문제와 답만을 맞추어 나가던 방식에서 정답과 오답을 확연하게 가려낼 수 있음을.

내가 40년을 교단에 선 결과는 그저 사전에 손가락이 지나간 까만 흔적만 남겼을 뿐이다. 그리고 그 사전들은 퇴임 후 책꽂이에 꽂힌 채 먼지를 둘러쓰고 있을 따름이다.

깊어가는 이 겨울, 교수님의 따뜻한 손길이 떫은 감처럼 그리워짐을 어찌할 수 없다.

108배

여고에 근무했을 때였다.

여름방학이 가까워지자 학생들은 방학 스케쥴을 짜느라 다들 고심하는 것 같았다. 순임이도 여고 2학년을 그냥 보낼 수 없는 처지였다. 그녀의 그룹은 그녀가 학급반장이기도해서 기발한 아이디어를 기대하고 있었다.

그녀가 제안한 아이디어는 이랬다.

1박 2일 코스로 대원사로 가는 것이었다. 대원사는 지리산 동쪽 자락에 위치한 고찰이다. 역사도 오래됐지만 주변의 풍광이 빼어나기로 예부터 이름이 나있었다. 순임이가 대원사로 그들의 놀이장소를 정한 데는 다른 한 가지 이유가 있었다. 대원사는 비구니의 절이었고 주지스님이 모교 선배라는 점이었다. 그녀가 어떤 연유로 주지스님을 알게 되었는지 나로서는 모르는 일이었다. 암튼, 다른 학생들은 상상치도 못했든 그녀의 반짝 의견에 만장일치로 뭉쳤다. 그녀들은 아마도 사찰에서의 생활을 묘한 기분으로 받아드렸을 것이었다. 모처럼 비키니차림으로 폼을 낼 해수욕장을 버리고 산속으로, 그것도 비구니의 소굴로 간다는 게 어쩐지 찜찜하기도 했을 것이었다.

어리둥절할 겨를도 없이 여름방학은 다가와 있었다.

내가 그녀들의 인솔교사로 지명된 것은 엉겁결의 일이었다. 그녀들이 매주 선정하는 선생님의 인기순위에 나도 한 번씩은 명단에 오르긴 했지만. 순임이의 일방적인 선언에 따르기로 가닥을 잡고서도 어리둥절해져 있었다. 그녀들은 선배가 주지스님으로 있는 사찰체험이 나름대로 의미가 있겠지만, 교사인 중늙은이가 그 틈새에 끼인다는 것은 아무래도 격에 맞지 않을 것 같았다. 하룻밤이라지만 긴 시간을 지옥에 떨어졌다 기어 나올게 뻔했다. 대원사는 여승만으로 운영되고 관리하는 금남지역이었기에 더욱 그랬다.

아니나 다를까, 해가 중천에 덩그렇게 떠있는데 벌써 저녁식사시간이 시작되었다. 식사 중에 순임이가 집에서 꾸려온 멸치볶음을 끄집어내려다 주지스님에게 들켜 야단을 맞았다. 필경 멸치볶음은 나에게로 넘겨질 것이어서 내 얼굴이 화끈 달아오름을 억제할 수 없었다. 게면 적어 꾸러미를 다시 꾸리는 그녀에게 내가 안타까워하는 시선을 보냈다. 순임이는 사필귀정이란 듯 빠른 손놀림으로 도로 싸서 방모서리 쪽으로 꾸러미를 밀쳤다. 그리고 태연한 척 말이 없었다.

나의 고역은 해가 지면서부터 시작되었다. 평소 내가 잠자리에 드는 시간은 12시가 지나서였다. 여름이라고는 하지만 산사의 밤은 일찍 찾아왔다. 해가 떨어지자 일체소등을 했다. 눈은 점점 말똥거려지는데 어둠 속에서는 아무 것도 보이는 게 없었다. 학생들이야 오죽 더했을까? 한참을 칠흑 같은 어둠 속에서 헤매는데 바깥에서 인기척이 났다.

"선생님! 안 주무시지예?"

"안자는 게 아니라 죽을 맛이다!"

나직한 목소리들이 교환되었다.

"초를 가져왔으니 켜도록 하세요."

나는 얼른 초를 낚아채 불을 붙였다. 갑갑하든 마음이 조금 풀리는 것 같았다. 륙색에서 가져온 단행본을 꺼냈다. 그때였다.

"선생님! 촛불은 화제에 위험이 있으니 끄도록 하세요."

갑자기 여승의 목소리가 간깐하게 들려왔다.

"불침번이라도 서는 모양이지, 젠장."

나는 차라리 내가 나서서 학생들을 돌볼 요량으로 불침번이나 서면서 밤을 새는 편이 났겠다고 생각했다. 참으로 불면이라는 게 그토록 힘이 드는 일인 줄 뼈저리게 느낀 밤이었다.

입 안이 깔끄러워 아침밥맛이 달아났을 줄 알았는데 그렇진 않았다. 나물과 푸새로 된 절밥이 고소하게 느껴졌다. 학생들도 잘들 먹었다. 잠은 설쳤겠지만 일찍 기상하여 넓은 절 마당을 비질하느라 땀을 쭉 빼서인지 꿀맛인양 먹어댔다. 가관이었다. 평소라면 아침상을 대할 때마다 오만상을 찌푸렸을 그녀들과는 생판 다른 모습이었다.

아침상을 물리고 나자 이어서 사찰의 의식행사가 진행되었다. 주지스님은 제자들에게 모두 108배에 참석하라고 다그쳤다. 다들 끽소리 한번 못하고 줄줄이 서서 108배에 돌입했다. 그녀들은 근엄한 불교의식에 붙잡혀 정중하게 참회하며 절을 하기 시작했다. 아직은 세속에 물들지 않은 그녀들이 참회할 거리가 그리 많지 않겠지만 열심히 절을 하고 있었다. 나는 법당 안을 힐끔거리며 그녀들이 다소곳하게 절하는 모습을 바라보았다. 절의 회수가 스무 번이 넘자 그녀들의 자세는 흐트러지기 시작했다. 일사불란하던 동작들이 제각기로 나뉘어졌다. 독경하는 소리와 리듬을 맞추지 못하던 한 학생이 마흔 번의 절을 끝으로 엎드린 채 일어나지 않았다. 아니 일어나지 못했다. 그녀는 부끄럼을 느꼈는지 엎드려 울고 있었다. 열심히 일어났다 구부렸다하던 다른 두 명이 예순 번의 절을 끝으로 역시 엎드리고 말았다. 그녀들도 울고 있었다. 마지막 108배를 마친 학생은 순임이 혼자였다. 순임이도 엎드려 울긴 마찬가지였다. 아마도 순임이의 눈물에는 뼈마디가 저린 육체적 고통도 있었겠지만 끝까지 해냈다는 자긍심도 내포되었으리라.

우리 일행은 주지스님의 작별말씀을 깊이 새겼고 대원사를 하직했다. 아침부터 내리는 가랑비는 옷을 촉촉이 적셨다.

"지리산에 왔는데, 천왕봉엔 못가더라도 저기 저 작은 산에는 한번 올라가보는 게 어때?"

순임이가 엉뚱스런 제안을 했다.

"그래, 가는데 까지 가보는 거야!"

다들 찬성했다. 어디서 용기가 솟았는지 알 수 없었다. 빗물을 뒤집어 쓴 머리카락이 생쥐 꼴이 된 그녀들의 발악이었으리라.

작은 산이라 고해서 지리산이 아닐 수 없었다. 산의 초입부터 크고 작은 바위들이 우리들의 진입을 막았다. 오를수록 비는 더욱 거세졌다. 한 시간 정도 악전고투 끝에 우리들은 산의 8부 능선에 이르렀다. 그리고는 포기했다. 지금의 복장으로 더 이상 나아가는 것은 위험을 자초하는 행위였다. 모두들 패잔병처럼 다리를 절뚝거리며 하산을 하고 있었다. 일행 중 꼬맹이가 기어이 일을 저지르고 말았다. 바위에서 미끄러져 무릎을 깼던 것이었다. 나는 그녀를 들쳐 업고 후들후들 떨리는 발걸음으로 비탈길을 내려왔다. 내려오는 동안 등에 업힌 꼬맹이 여학생은 무엇이 미안했든지, 부끄러웠든지 하산도중 내내 울었다. 나머지 학생들은 그녀의 다리에, 허리에, 어깨에 손을 얹고 콧노래를 부르며 뒤따랐다.

"누구는 좋겠네! 선생님한테 업혀가고요!"

"청승을 떨어요, 더 크게 외치시지 그래요, 하늘이 떠나갈듯이 말이야!"

나의 말에 모두들 허리를 부여잡고 웃었다. 꼬맹이도 울다가 웃고 있었다.

그새 많은 세월이 흘렀다.

순임이가 여승이 되었다는 얘기를 들은 지도 오래전 일이 되었다.

갈매기의 꿈

일곱 살 되던 해부터 바닷가에 살았다.

낯모를 섬의 바닷가가 아니었다.

거기에는,

파도가 은모래를 희롱하는 낭만 같은 것은 없었다.

축항을 시커멓게 도배질한 콜타르가 번지르르 했다.

눈을 떴다하면 욕설에

엉겨 붙어 싸움질하는 곳이었다.

남녀가 따로 없었고, 노소가 따로 없었다.

부부끼리 한바탕 전쟁을 벌인 후면,

애비와 자식이

철천지원수가 되어 막말을 퍼부었다.

정작,

이웃에게는 온갖 인심 다 베풀면서.

그 동네에 갈매기들이 살았다.

갈매기들은 콜타르가 깔린 바다 위를 선회했고

낮은 날갯짓으로

기름 묻은 물고기창자를 건져먹었다.

사람들은 그들을 도둑갈매기라고 불렀다.

그들은 도둑갈매기를 잡으려고 연을 띄웠다.

연줄은 사기동동크림 통을 빨아 사를 먹였다.

연줄은 비수를 달았고

갈매기가 나는 공중을 향해 쏜살같이 풀려나갔다.

연줄에 걸린 갈매기의 날개가 갈가리 찢어졌다.

골수까지 헤집어졌다.

갈매기는 기름바다 위에 불시착했다.

살았어도,

갈매기는 살 수 없었다.

. . . .
. . . .
. . . .

갈매기는
꾸역꾸역 산란한다.

그들의 일부는 해운대 갈매기가 된다.
저공비행으로 빵 쪼가리를 뺏어 먹고,
몸을 비틀어 새우깡을 낚아챕니다, 곡예사처럼.

평화의 새 비둘기와
먼 바다를 잃어버린 날갯짓으로
유람선의 꽁무니를 쫒아다니며
길들여진 어린 갈매기의 꿈이 무수히 갇혀있다.

다시는,
사금파리에 날개를 찢기질 않겠지만,
폐유를 뒤집어쓴 눈먼 갈매기는 없겠지만,

갈매기는
높이 멀리 나르는
꿈을 따라 날아야한다.
한바다의 파수꾼이어야 한다.

풋고추 먹는 사람들

풋고추는 생된장을 얹어 베어 먹어야 제격이다.

땀이 주르르 흘러내리는 여름, 툇마루에 걸터앉아 사발 떼기 국수를 볼이 차도록 쑤셔 넣고 반찬삼아 풋고추를 깨물어야 제 맛이 날거란 예기다. 그러나 된장이 발린 풋고추가 국수와 어울릴지는 미지수다.

내 기억으로는 40대에 이르러서도 나는 국수를 별로 선호하지 않았다. 나 말고도 밀가루 음식을 가까이 하지 않는 사람들은 의외로 많다고 본다. 뿐만 아니라 생된장에 익숙하지 못한 사람들도 얼마든지 있을 것이다. 요즘 많이들 개발하고 있는 퓨전 음식들의 주재료에서 된장이 밀려나고 있는 현상은 감출 수 없는 사실이다.

된장은 김치처럼 발효식품이어서 항암효과가 있다고들 한다. 사람들의 비위를 몹시 자극하는 항암이라는 문구에서는 귀를 쫑긋 세우겠지만 그래도 생된장을 받아드리기에는 거리감이 분명 있는 것 같다.

한국전통음식전문가들이 된장을 주재료로 하는 각종 식품들을 개발하려고 노력하고 있다. 그럼에도 불구하고 수요적인 측면에서는 만족할만한 향상이 이루어지지 못하는 실정인 것 같다. 된장뿐만이 아니라 우리나라 고유의 향토색 짙은 한지공예며, 토기며, 한복이며, 전통놀이, 한옥, 노랫가락이며 고전 춤 등이 일상생활에서 벗어나 점점 빛이 바래이고 있다. 어쩌면 그것들이 특정한 사람들의 전유물이 되어 서민들은 접할 수 없는 먼 거리에 놓여있는 느낌마저 든다.

풋고추는 그렇다 치고 말린 붉은 고추는 사정이 좀 다른 것 같다. 최근 매운 음식 길들이기 식으로 무제한으로 공급되는 매운 맛을 우리는 가까이에서 체험할 수 있다. 화분에서 관상용으로 기르던 하늘고추가 어느새 식탁에 오르고, 주체할 수 없을 만큼 매운 수입산 홍초가 인기를 누린다. 식욕이라는 게 자극적이면 자극적일수록 더 자극적인 것을 받아드리려는 유혹을 뿌리칠 수 없게 하는 것 같다. 그런데 문제는 매운 고추의 효능이 다이어트 효과나 입맛을 돋우는 것에서 초월해 있다는 것이다. 우리는 음식에 대한 과욕이 결코 바람직하다고 여기지는 않는다. 저토록 매운 음식을 먹은 사람이 질식했다거나 사망했다는 보도가 나오지 않는 이상 매운 강도는 더욱 올라갈 것이다. 위벽이 헌다거나 천공이 생길 수 있을 가능성 정도로는 대세를 꺾을 수는 없을 것 같다.

내가 풋고추에 매료되기 시작한 것은 40대 후반, 조금씩 달라지기 시작한 식성에서 비롯된 것 같다. 밀가루로 만든 음식이 한 끼 식사량으로는 늘 부족감을 느꼈었는데 그게 어느 순간 충분한 양으로 자리 잡기 시작하면서 덩달아 풋고추와 생된장으로 연결된 것이었다. 그렇게 되기까지는 아내의 일관된 입방아가 작용했음을 부인할 수 없다. 아내는 국수 앞에서는 함몰하는 스타일의 소유자이며 또한 풋고추와 된장이 오르지 않는 국수집에는 얼씬거리지도 않는다. 고추 값이 쌀 때는 국수집 고추도 푸짐하게 나온다. 비쌀 때는 여간 눈치가 보이지 않는다. 주인이 내놓는 고추가 턱 없이 모자라니까. 국수 값보다 고추 값이 더 들 것 같아, 덤으로 더 달랠 수도 없고. 그렇다고 맨 국수만 꾸역꾸역 넘기려니 잘 넘어가지를 않고. 눈치에 못 이겨 내놓는 주인의 손이 클 리 없다. 그럴 때면 내가 아껴 먹고 아내에게 양보해줄 수밖에.

요즘은 고추의 품종이 다양하게 개발돼 매운 청양고추보다 큼직하고 달콤한 오이고추가 자주 식탁에 오른다. 오이를 씹듯 아싹아싹 씹노라면 국수와 고추가 환상적인 조화를 이룸을 느낄 수 있다. 지난 장날에는 오이고추 모종을 댓 포기 사다 텃밭에 심어놓았다. 제대로 된 오이고추가 열릴지는 몰라도 기대는 크다. 거름도 뿌리고 지주대도 세우고. 아내는 신농씨의 고추제배에 시큰둥하지만 나의 고추 기르기에 대한 작은 정성은 지극스럽다. 식물도 주인의 발소리를 듣고 자란다는 말이 빈말이 아님을 실감나게 하려고 아침저녁 텃밭을 오간다.

며칠 전부터 계속해서 점심식사는 물 국수로 해결하고 있다. 날씨가 덥기도 하고, 입맛도 뚝 떨어져 국수 외에는 잘 먹히질 않아서 그런다. 70노인이 되면, 30대가 미각을 느끼는 혓바닥 돌기 수의 3분의 1 수준으로 확 줄어든다고 한다. 그러고 보면 한 끼 국수라도 맛있게 먹을 수 있다는 게 여간 다행한 일이 아닐 수 없다.

국수를 먹을 때마다 자연스레 보이는 게 있다. 건너 테이블에서 열심히 국수를 먹는 사람들의 모습이다. 남의 식사 모습을 훔쳐보는 것은 무례다. 예절로 따지자면 무례가 분명하다. 굳이 변명을 하자면, 그분들의 풋고추 먹는 방식이 나와는 확연히 다르다는 것이 나에게는 색다른 흥밋거리가 되기 때문이다. 나는 먼저 풋고추의 꼭지를 따고 꼭지부분에 된장을 살짝 올려 일 센티미터 정도를 베어 먹는다. 맵지나 않을까하는 기우 때문이다. 그런데 옆자리에 앉은 아내의 고추 먹는 방식은 또 다르다. 꼭지 부분을 잡고 끄트머리에 된장을 찍어 고추의 절반 정도를 움쑥 베어 먹는다. 매울 때 맵더라도 입안에서는 국수와 풋고추가 엉겨 독특한 맛을 만들어내나 보다. 가끔은 매워서 호들갑을 떨지만 어쩌면 그 모습이 더 멋져 보인다. 하지만 나는 그렇게 할 수가 없다. 그건 나에게 양적으로 부담을 주기도 하지만, 고추 끄트머리에 잔존해 있을 농약에 대한 불신이 머릿속에 남아있기 때문이다. 과민한 사람은 나 뿐만은 아닌 것 같다. 꼭지를 떼어 내고 풋고추를 먹는 사람은 의외로 많다. 언젠가 티브이에서 고추 끄트머리의 잔류 농약 운운하는 보도가 나간 후로는 흔히 볼 수 있는 풍경이 되었다. 물론 다들 그렇게 반응하는 것은 아니지만.

잘 나가는 국수집에 앉아 사람들이 풋고추를 먹는 걸 보면 참으로 각양각색이다. 어떻게 먹는 모습이 대세라는 게 없다. 어떤 이는 처음부터 고추를 두 동강으로 분질러 한 개씩 주워 먹기도 한다. 어떤 이는 한 번에 먹을 것을 꼭 두세 번에 걸쳐 베어 먹는다. 어떤 이는 먹은 고추 속을 들여다보아야 직성이 풀리는가 하면, 고추 속을 후벼 파 씨앗은 버리고 껍질만 먹는 이가 있다. 놓지 않고 계속 들고 먹는 이가 있는가 하면 주르르 빨다가 깨물어 먹는 이도 있다. 된장을 발라 먹는 방법도 가지가지다. 나처럼 젓가락으로 된장을 꼭지에 얹기도 하고, 끄트머리를 된장에 처박아 휘휘 젓는 이도 허다하다. 고추를 먼저 베어 먹고 나중에 된장을 입속에 넣어 묘하게 간을 맞추는 이도 있다. 어쨌든 먹기는 먹는데 남들과 같은 방식으로는 안 먹겠다는 식이다. 먹는 방식의 개별화 내지는 차별화를 지켜내겠다는 자기만의 노하우인 것 같다. 가장 값싼 대중음식점중의 하나인 국수집으로 가보자. 어느 누구 할 것 없이 똑같은 방식으로 풋고추를 먹는 이가 없다는 것을 보게 될 것이다. 슬쩍 곁눈질해보면 각자의 개성이 어디서나 펄펄 살아있음을 느낄 수 있게 해준다.

여름이면 시원한 냉국수 한 그릇에 풋고추와 된장이 어우러지는 한 끼 식사가 생각난다. 올 여름에도 졸깃한 물 국수랑 풋고추의 얼얼한 맛에 흠뻑 빠져보고 싶다. 모시 적삼 속으로 시원한 바람이 들락거리는 여름이 빨리 오기를 고대한다.

숭어

숭어는 긴 대나무장대에 낚싯줄을 매고 붉고, 푸르고, 노란 천을 낚시에 감아 낚는 바다고기다. 겨울철 숭어는 명태껍질을 눈에 발라 잘 보지를 못한다. 그런 약점을 약삭빠른 인간이 놓칠 리 없다. 낚싯대를 들었다 놓았다 하다보면 멋모르고 지나치든 숭어가 아가미에도 걸려나오고, 등덜미며 뱃가죽에도 걸려나온다. 색에 대한 불분명한 호기심이 자신을 망치게 하는 것이다.

인간은 또 다른 숭어의 약점을 잘 알고 있다. 그러기 때문에 숭어 낚싯바늘에는 미늘이 없다. 지나가든 숭어가 걸렸다싶으면 그대로 장대를 들어 올리기만 하면 끝이다. 숭어낚시는 챔질이 필요하지 않으며, 걸려들면 저항 없이 순순히 따라 올라오는 게 특징이다. 그러기에 무리하게 미늘에서 고기를 떼어 내려고 할 이유가 없다. 그렇다고 해서 숭어가 모든 것을 포기한 것은 아니다. 뱃전이나 방파제 시멘트 바닥에 풀어놓으면 그때부터 길길이 날뛰는 게 숭어의 생태다. 한 박자 빨리 날뛰었더라면 그중 몇 마리는 다시

고향으로 되돌아갈 수도 있었을 텐데.

밀물을 따라 해안으로 밀려들었다가 썰물에 빠져나가지 못하고 개펄 바닥에 드러누워 버리는 게 숭어다. 우리 학교 '곰탱이' 물리 선생님도 잡을 수 있는 유일한 바다고기가 숭어라고만 소개하겠다.

나는 바다고기 회를 즐겨 먹는 편이지만 숭어회는 아예 거들떠보지도 않는다. 그게 민물과 바다 어우름에 살기에 열악한 생태환경으로 인해 체내에 온갖 유해물질을 담뿍 가두고 있기 때문이기도 하다. 그보다 나는, 멍청이 노름을 하는 숭어의 짓거리가 하도 어이가 없어 내 자신이 멍텅구리가 될까 두려워서 도무지 먹을 수가 없는 것이다.

숭어를 잡는 방법은 여러 가지가 있다. 해변을 떼를 지어 다니는 습성을 이용해 돌팔매로 때려잡는가 하면 높은 산에서 망을 보다 떼가 나타나면 한 번의 그물질로 일망타진하는 방법도 있다. 어쨌든 원시적인 방법으로도 잘 잡히는 게 숭어다.

고등학교 때였다.

또래들은 언제나 바다고기를 창으로 찔러 잡았다. 무수히 많은 종류의 고기들을 장대를 들고 앉아서 시간을 죽이며 기다리고 있을 우리가 아니었다. 바다에 뛰어들어 고기의 의향과는 상관없이 우리들의 의사대로 잡으면 되는 것이었다. 그랬는데 어느 날 나는 작은 전마선을 젓고 다니던 곰보영감탱이가 물간에서 팔뚝만한 숭어를 뜰채에 담아내는 광경을 목격한 적이 있었다. 영감탱이는 우리들처럼 고기를 창으로 찔러서 잡은 것이 아니었다. 그렇다고 그물질을 해서 잡은 것도 아니었다.

"고기란 말이야 무슨 고기든 물때를 잘 맞춰야 잡히는 법이지. 뭐 네깐 놈들이 물때를 알긴 할까?"

"그까짓 걸 누가 몰라요!"

"목은 알고?"

"목요?"

"그 보라니까! 예끼 놈들, 내 전마선일랑 도둑질할 생각 아예 하지 마! 아주 혼쭐을 낼 테니까. 알았지?"

곰보영감탱이는 괜스레 우리만 보면 털끝을 세웠다. 비린내 나는 고등어를 못 잡아먹어 안달이 난 살쾡이처럼. 그는 고물 줄을 바다에 풍덩 던지고 이물 줄을 계선주에 붙들어 맨 후, 노를 배에서 분리시켜 한쪽 어깨 위에 얹으면서 연신 우리들을 흘겨보았다.

곰보영감탱이가 게를 미끼로 문어를 낚는다는 예기는 들었지만, 어시장에서 주워 온 한물넘은 오징어미끼로 뱀장어를 밤새 낚는다는 소문은 들었지만, 어쩌다 숭어를 잡아 한 망태 지고 가는 모습은 믿기지 않는 일이었다.

"곰보영감탱이! 오늘 참 횡재했네!"

나와 친구들은 뒤뚱거리며 걸어가는 영감탱이의 소금간이 핀 귓전에다 고함을 질렀다. 그는 멈칫 서는 듯했으나 이내 가든 길을 재촉했다.

이튿날 나는 동네 중학생 한 명을 꼬드겨 곰보영감탱이의 노를 들고 나오라고 시켰다. 내가 망을 보는 동안에 그는 서슴없이 노를 메고 나왔다. 드럼통을 싣고 다니는 큰 전마선이 아니라, 오른손 금지손가락으로 주낙을 다루면서 동시에 왼손으로는 노를 젓는 초소형 문어 잡이 배여서 노는 짤막했고 가벼웠다. 나는 중학생에게 함께 승선하자고 했고 그는 재빨리 배에 갇힌 바닷물을 헬멧으로 퍼내기 시작했다. 나는 잽싸게 계선주의 이물 줄을 걷어내고 고물 줄을 물속에서 건져 올렸다. 따라 올라온 자그마한 앵커를 곱게 접어놓은 고물 줄 위에 올려놓았다. 우리 전마선은 순풍에 돛단배가 되어 어느새 방파제 끝을 돌아나가기 시작했다.

"야! 야! 이 자식들아! 배 갖다 대라! 야! 이 도둑놈들아!"

곰보영감탱이가 친구들과 막걸리를 마시다 자기 배가 나가는 것을 보고 방파제를 따라 뛰면서 고래고함을 지르고 있었다. 나와 중학생은 듣는 둥 마는 둥 앞만 내다보고 노를 저었다. 한동안 온갖 악담이 쏟아졌지만, 더 이상은 노의 삐거덕거리는 소리에 묻혀 들리지 않았다. 배가 대교 아래로 접어들 무렵 힐끗 뒤를 돌아보았을 때 그는 포기한 듯 뒷짐을 지고 주점 안으로 들어서고 있었다.

우리는 번갈아가며 노를 저었다. 콧노래를 부르며 의기양양하게 다리 밑을 빠져나와 어시장 앞을 지났다. 철길이 물속으로 깔린 조선소를 뒤로 하고 바다거북을 기르는 수산시험장을 감돌아 붉은 등대 끝에 이물 줄을 걸었다. 여덟 물 한물 때였지만 정오시간대의 조류는 잠시 소강상태를 이루었다. 전마선이 자리 잡은 곳은 수심이 7-8m쯤 되는 것 같았다. 나는 곰보영감탱이의 낚싯줄을 드리워 꼴랑거려보았지만 반응이 없었다. 건너편 붉은 등대를 제외하면 마뜩한 포인트를 옮길 곳도 없어보였다. 한 시간이 지났을까? 낚시가 바닥에 걸린 느낌이 들어 줄을 걷어 올렸을 때 숭어가 달려 나

왔다. 한 마리가 나오자 연이어 줄을 내리기가 바쁘게 낚였다. 낚기는 것이
아니라 걸려있는 걸 주워 담기에 바빴다. 물 반 고기 반이라더니 이를 두고
하는 말이었구나! 두어 시간을 정신없이 낚은 것 같았다. 물길이 바뀐 후로
는 일체 입질이 없었다. 볼락이 지듯 욱시글거리던 바다가 일시에 조용해졌
다. 우리는 낚시를 접었다. 뱃전에 쌓인 숭어의 마릿수는 헤아릴 수 없을
정도였다. 고등학교 시절, 나의 낚시 기록은 친구들과 어울려 밤낚시에서
뱀장어를 낚은 것을 제외하면 고등어, 전갱이 치어 몇 마리가 고작이었다.
어안이 벙벙해진 우리는 배를 제자리에 접안시키고는 도망치다시피 빠져나
왔다. 낚은 숭어는 고스란히 물간에 가두어둔 채.

  며칠 째 나는 곰보영감탱이를 보지 못했다. 딱히 만날 이유가 없으니까
만나지 못하는지 모를 일이었다. 곰보영감탱이도 선술집에 틀어박혀 연탄
불에 젖은 숭어를 굽고 있는지 모습을 드러내지 않았다.

74세의 하루

자정부터 익일 자정까지 24시간이 만 하루다. 시침이 두 바퀴 도는데 걸리는 시간이다. 나는 그 시간들을 빠짐없이 셀 수 있다.

자정을 넘어서면 잠을 깨는 경우가 있다. 무단히 깨는가 하면, 소변이 마려워서도 깬다. 다시 잠을 청하면 도망간 잠이 잘 올 리 없다. 일흔을 넘어선 하루의 시작은 자정부터다. 어쩌다 잠이 들면 두시나 세시에 다시 깬다. 네다섯 시에도 깨긴 마찬가지다. 깨서 화장실에 갈 때면 어김없이 손발을 비빈다. 팔다리와 목, 배, 가슴까지 비빈다. 완전히 잠에서 깨려는 것이다. 혈압이 가장 오르는 새벽에 대비해서다. 그러고 나면 온밤을 잤는지 말았는지 맹하다. 어쩌다 일곱 시가 지나 잠에 빠지는 경우가 있다. 나에겐 그게 진짜 잠인 것 같이 느껴질 때가 많다.

아침식사는 자연히 아홉시가 넘는다.

아침식사라고해서 소홀히 먹지 않는다. 주로 야채 죽을 즐겨 먹는다. 아니면 잡곡밥에 매일 다른 메뉴를 짜 거기에 맞춰 먹는다. 삼찬이면 족하다.

국은 필수적이지만 먹지 못할 때도 있다. 그런 사정은 아내의 선택에 따른다.

아침식사가 끝나면, 혈압 약을 복용한다. 십 수 년 전 십이지장궤양으로 입원한 후로 의사의 처방에 따라 지금껏 먹고 있다. 한 번 복용하면 끊을 수 없는 약이라기에 참으로 먹고 싶지 않았다. 그것도 하루 세 차례 식후마다 꼬박 먹었다. 나는 이 사실에 엄청난 거부감을 느끼고 있었다. 그 후 운동과 식이요법으로 하루에 한 번 복용하는데 까지는 성공을 거두었다. 하지만 그 이상은 한계에 부닥쳤다.

뜨거운 물로 희석한 아메리카노를 서너 모금 마신다. 이어서 치질수술로 인한 알약을 먹는다. 그리고는 모든 문을 닫고 밀폐된 공간에서 뜸을 뜬다. 홀수일은 오른손바닥을, 짝수 날엔 왼손바닥을 뜬다. 쑥뜸으로 방안 가득 매캐한 연기가 자욱하게 갇힌다. 너구리 잡는 굴 속 같다. '안가는 너구리다. 하는 짓을 보면 꼭 그렇다니까.' 내 막내고모부의 너구리같은 입을 생각하면 웃음이 절로 난다.

연기는 눈물을 흐르게 하고, 콧구멍을 통해 폐로도 들어간다. 기침이 나오기 전에 재빨리 문들을 활짝 열어젖힌다. 그을린 목도 달랠 겸 헬리코박트도 예방할 겸 유제 우유를 들이킨다. 뱃속이 물로 가득 차 꿀렁거린다.

밤잠을 설쳤기에 다시 자리에 눕는다. 두꺼운 요위에 얄팍한 전기요를 깐다. 혈액순환에 좋다고 처제가 사둔 것을 헐값에 인수한 것이다. 30분을 예약한다. 전기가 온몸을 타고 흐른다고 느끼는 순간 잠에 빠져든다. 전기의 힘이라기보다는 잠에 대한 나만의 노하우 때문이다. 잠에서 깨어나면 그

제야 정상일과로 들어선다. 밭일을 하러 나선다. 사오 년 경력을 쌓다보니 30분 정도는 견뎌낸다. 호미질, 가래질, 삽질까지 해낸다. 장시간을 할 수 없어서 대신 자주 간다. 왕복 1km 거리여서 걸어서도 무리가 없다. 그렇게라도 걷는 게 개운하다.

점심은 주로 국수를 먹는 편이다. 최근에 화학조미료를 일체 쓰지 않는다는 국수집을 찾아내 단골로 다닌다. 식전에 내놓는 대추과자와 대추차를 마시는 재미도 쏠쏠하다. 국수만 전문으로 하는 집이지만 손님은 별로 없다. 그러다보니 점심때만 잠깐 식당을 열뿐 저녁나절엔 일찍 문을 잠근다. 손님 편이를 위한 영업을 해야 한다고 핀잔을 하지만 소용없는 일이다. 옛날, 이발관이 추석이나 설날 아침까지 머리를 만져주던 일이 추억처럼 되살아난다.

점심이 끝나면 알약을 먹는다. 6주까지는 좌욕을 해야 하고 약을 먹어야 한다고 의사가 다짐을 놓았기 때문이다. 양치질을 끝내고 국수집 주변을 걷기 시작한다. 발길 닿는 데로, 마음 내키는 대로 걷는다. 만보기를 여럿 고장 내거나 잃어버린 후 걷는 거리를 발걸음으로 가늠하기로 작정했다. 큰 보폭으로 1,400보 정도가 1km에 당하는 것으로 셈한다. 거의 그럴 것이다.

집으로 돌아와서 나는 컴퓨터 앞에 앉는다. 오늘의 오전 행각을 저장하기 위해서다. '농사일기'에 기록을 마친 후, 수상집 '석탄도둑 중에서'를 연다. 지금은 '주는 대로 받지요'라는 글을 들여다보는 중이다. 행여 오타나, 미숙한 표현이나, 수정할 부분이 있는지를 점검하는 시간이다.

오후 시간대는 느리게나 빠르게 걷는 시간이다. 대개 집에서 출발하여

이삼 킬로미터를 걷는다. 컨디션이 괜찮다싶으면 삼각주를 일주한다. 5km
가 조금 넘을 것이다. 목과 등에 땀이 밴다. 러닝셔츠가 젖을 때도 있다. 그
럴 때면 감기 들세라 재깍 내의를 갈아입는다. 그렇다고 매일 목욕을 하지
는 않는다. 목욕을 한다고 해서 개운함을 별로 느끼지 못하는 것이 이유라
면 이유다. 오후의 운동이 과했다싶으면 차 안이든 공원 벤치든 가릴 겨를
없이 누워버린다. 과한 정도에 따라 수면시간도 다르다. 자고 안자고는 나
에게는 해당사항이 아니다. '눕는다 그러면 잔다'는 나에게는 지극히 당연
한 일이다. 그런 이치를 터득하지 못한 사람들을 보면 참으로 안타깝다.

　실컷 자고나서 기지개를 쫙 켠다. 하루 중 가장 편안한 시간을 만끽한다.
오후 일과를 시작하기 전, 아침에 마시다 둔 아메리카노를 몇 모금 마신다.
몸과 마음이 한결 개운해진다. 오후일과래야 특별히 정해진 바가 없다. 저
녁식사시간까지 시간을 땜질하면 그만이다. 가끔 시장에 들러 아내의 요구
사항을 실어 나른다. 월중계획표의 비고란에는 그날의 장거리가 항상 올려
있다.

　나는 티브이를 잘 보지 않는다. 특히 뉴스는 일주일에 한 번만 보면 세
상 살아가는 이치가 다 담긴다고 생각하는 사람이다. 더 이상 보는 것은 과
욕이다. 볼 재미도 없고 시간낭비다. 간혹 실시간 운동중계를 하는 경우가
있다. 축구는 빼고, 야구는 이따금 시청한다. 시청하다 자는 게 태반이지만.
리모컨은 늘 손안에 쥐여져있다. 결과는 스포츠뉴스시간에 새삼스레 다 알
려준다. 그날의 중요장면을 엮어 해설까지 덧붙이니 그걸 보는 게 더 났다
고 생각하는 축이다.

저녁식사는 주로 외식을 하는 편이다. 외식은 나보다 아내가 훨씬 좋아한다. 우리는 가능한 화학조미료를 쓰지 않는 식당을 잘 알고 있다. 맛을 제대로 우려내는 음식이야말로 넘버원이다. 점심이 늦다보니 저녁이 늦는 건 어쩔 수 없다. 때로는 장거리 여행을 겸해서 하는 식사여서 하루 중 가장 즐거운 시간이 된다. 잘 먹는 것, 잘 먹을 수 있는 것은 중요하다. 치아가 건강하든지, 건강이 뒷받침이 되어야 하기 때문이다. 식사가 끝나면 우리는 그 자리에서 각자의 알약을 챙겨 먹는다. 칫솔질은 필수다. 얼마 전까지만 해도 하루에 한 번이면 족했는데 지금은 사정이 바뀌었다. 칫솔질과 심장은 불가분의 관계라나. 하루에 세 번, 그것도 식후 3분 전, 3분간 어김없이 해댄다.

하루의 일과가 무리였다면 숟가락을 놓는 순간 잠으로 빠져든다. 이럴 때는 말렸댔자 소용없다. 취침 전 먹어야할 전립선약을 챙길 여유도 없다. 하지만 이럴 경우 11시쯤이면 잠에서 깬다. 잊었던 약을 새삼 챙긴다. 그리고는 하루의 마무리를 짓기 위해 컴퓨터를 마주한다. 하루를 보내며 내 곁에 다가섰던 아름다운 언어들이 무엇이었던가를 생각하는 시간이다.

화장실에도 갔다 오고, 아내가 자고 있는지 잠을 설치고 있는지 건넌방 문틈으로 확인을 한다. 행여 빨래를 개든지 다리미질을 하면 헛기침을 해본다. 요즘 아내는 아토피환자가 되어 밤잠을 설치고 있어 나의 행동거지가 조심스러워진다.

오늘밤에는 어떤 '귀한 말들', '정겨운 말들'이 내 꿈을 풍요롭게 장식하려나? 곧 잠으로 갈 것 같다.

태종대의 추억

2송도에서 태종대 쪽으로 해안을 따라가다 보면 평화택시를 만나게 된다. 평화택시란 커다란 바위 덩어리다. 2층쯤 되는 높이에 길이는 20m 정도다. 한쪽 끝이 바다로 비스듬히 누워 있어 미끄럼을 타고 바로 바다로 뛰어들기에 안성맞춤이다. 누가 이름을 평화택시라고 지었는지는 모른다. 그 즈음 평화라는 이름의 택시가 있었는데, 승차감이 미끄럼 타는 것과 같다고 해서 붙여졌을 것 같기도 하다.

여름이면 평화택시가 있는 곳이 우리들의 아지트였다. 그도 그럴 것이 2송도까지는 해안을 따라 시멘트로 포장한 길이 있었지만, 그 다음부터는 현기증이 날만큼 깎아지른 절벽을 기어올라야 하고 다시 반대편 절벽을 기어 내려가야 만날 수 있는 곳에 평화택시가 있었다. 웬만한 강심장이 아니고서는 실없이 절벽을 탈 이유가 없었기에 그곳은 가히 우리들만의 천국이었다.

고등학생이 되면서 우리는 평화택시에 머물 수만은 없었다. 자꾸만 태

종대 쪽으로 눈길을 돌리기 시작했다. 그러나 태종대 안으로의 출입은 허가
되지 않았다. 민간인 출입통제지역으로 무장한 군인들이 24시간 근무를 하
는 곳이었다. 우리는 출입통제지역을 뚫어야할 임무 같은 것을 느끼고 있었
다. 거기는 더 많은 희귀어종과 더 멋진 수중세계가 펼쳐져 있을 것이라 생
각했다. 자살바위에서 떨어져 죽은 시신을 만날 수 있는 스릴도 느낄 수 있
을 것 같았다. 우리들의 아버지들은 바다 깊숙이 개펄 속 조개를 캐내는 작
업을 할 뿐만 아니라 영도대교에서 자살한 시신을 전문적으로 건져내는 일
을 도맡아했다. 솔직히 말해서 그게 수입 면에선 짭짤했던 것 같았다. 그래
서 잠수부들은 순번을 정해두고 시신인양작업을 했다.

고등학교 2학년 때였다. 여름방학이 시작되자 우리는 그동안 모의했던
태종대로 향했다. 바닷가 암벽을 타고 철조망을 넘어 드디어 태종대에 우리
의 둥지를 틀었다. 흥분과 감동이 넘치는 지상낙원의 땅! 우리는 이국의 정
취를 느끼고 있었다. 마침내 물고기를 찌르기 위해 창을 빗겨 차고 입수를
했다. 작업은 순조롭게 이루어졌다. 창에 찔려 나온 고기의 크기와 종류부
터 달랐다. 우리들은 전쟁을 승리로 이끈 병사처럼 우쭐거렸다.

우리들은 난생 처음으로 쌀과 간장, 고추장을 준비했었다. 점심을 해먹
기 위한 차림이 그랬다. 그런데 문제가 발생했다. 밥을 하되 바닷물을 부어
짓자는 쪽과 그렇게 하면 짜서 못 먹는다는 주장이 팽팽히 맞섰다. 진짜 뱃
사람은 여기에 없었다. 끝까지 우기는 쪽이 승자가 될 것 같았다. 고성이
오가고 서로 요리를 자청하는 판국에 이르렀다. 우리들은 여기가 민간인출
입금지구역인 줄을 까맣게 잊어버리고 있었다. 건너편 산 속에서 날카로운

소리가 들려왔다.

"꼼짝 마! 움직이면 쏜다!"

그것은 분명 초소경비병의 목소리였다.

우리들은 큰 소리에 놀라 혼비백산 흩어져 달아나기 시작했다. 나도 사생결단 달렸다. 각자의 뛰는 모습이 가히 꼴 볼견이었을 것이다. 빨간 수영복 팬티에 모자와 수경을 쓰고 쇠창을 보물처럼 움켜쥔 채 통금해지구역으로 달리는 모습이라니. 다들 어디로 갔을까, 두리번거리는 동안 하나둘씩 모여들었다. 몰골들이 말이 아니었다. 두고 온 물건들도 한두 가지가 아니었다. 그런데 우리들 중 한 명의 모습이 보이지 않았다. 혹시나 끌려가지나 않았는지 궁금했다. 의논 끝에 나와 친구 한 명이 다시 적지로 가서 염탐하기로 했다. 아니나 다를까 우리들 중 유일한 중학생이었던 그가 붙잡혀 있었다. 그는 눈을 가린 채 작은 소나무에 묶여 있었다.

"너는 민간인 출입금지구역에 무단으로 출입하여 군사기밀상 중대한 범죄를 저질렀음으로 군법에 따라 사형에 처한다!"

초병이 엄숙하게 군사재판 결과를 낭독했다. 그는 부들부들 떨고 있는 것 같았다. 나와 친구는 초병의 청천벽력 같은 낭독 문을 듣고 어찌할 바를 몰라 했다. 우리들은 안돼요,를 연발하면서 손바닥으로 얼굴을 가렸다.

"그럼 지금부터 사형을 집행하겠다!"

"사격병, 일 보 앞으로!"

전투경험이 있어 보이는 한 초병이 옆구리 총을 한 자세로 한 걸음 앞으로 나섰다.

"마지막으로 할 말은 없는가?"

그는 대답이 없었다. 모든 걸 단념한 듯했다.

"탄알 일발 장진!"

쇳소리가 철거덕 났다.

"사격병, 거총!"

사격병은 절도 있게 행동했다.

"발사!"

초병 중 한 명이 신고 있던 고무신 한 짝을 그의 덩어리를 향해 세차게 던졌다. 때맞춰 펑하는 소리도 들렸다. 그는 마른 풀잎 쓰러지듯 꼬꾸라졌다. 우리는 그 초병의 행위가 너무나 우스꽝스러워 낄낄거리다 우리의 위치를 노출시키고 말았다. 잡히는 날이면 우리도 그처럼 사형선고를 받을 테니 부리나케 도망쳐 내려올 수밖에 없었다. 그를 기다리는 시간이 무료하게 흐르고 있었다. 기다림이 이렇게 지루하고 초조할 줄 몰랐다.

태종대의 태양이 몰운대로 쓰러질 무렵, 그는 판초빌라처럼 많은 짐을 지고 오솔길을 따라 내려오고 있었다. 냄비며 도마며 행주까지 모조리 남김없이 꿰찼다. 벗어놓은 상·하의며 수영팬티까지도 줄줄이 엮어 메고 있었다. 우리는 그에게 무한한 동정을 퍼부었다. 그가 우리들을 대신하여 총알받이가 되어주었기에. 그는 웃음을 잃고 있었고 약간 얼이 빠진듯해 보였다. 바지가 흥건하게 젖은 것 같기도 했다. 자기도 모르게 오줌을 지린 모양이었다. 사형집행을 받은 그가 온전히 걸어서 올 수 있다는 사실이 오히려 믿기지 않았다. 그는 그 후에도 오랫동안 사형집행 후유증에 시달렸지만 청년기에 접어들면서 장애를 완전히 극복했다. 환골탈태한 그의 삶은 탄탄대로를 이어갔다. '나는 저승에 한 번 다녀온 사람이어서 명이 길거래!' 딴엔 70대에 접어든 그가 능히 할 수 있는 말이라는 생각이 든다.

태종대 관광열차를 타고 달리다보면 그 시절 사형집행을 했던 곳에 손님을 맞이하는 곤포의 집이 섰다. 무수한 생명을 한 치의 오차 없이 앗아간 자살바위와 생명을 구해준 하얀 등대가 아래 위에 자리 잡고 있다. 아이러 닉하게도 세월의 흐름은 이들을 관광의 명소로 이름을 바꿔놓고 있다.

변하지 않는 것들도 함께 공존하고 있다. 그다지 높지는 않지만 험준한 바위산이며 산을 근거지로 대대로 살아가는 끈질긴 생명체들, 주전자 섬을 비롯한 오륙도와 대마도로 이어지는 현해탄의 파도.

그중에서도 잊을 수 없는 것은 감추어져왔던 태종대의 특수부대였다. 한국 전쟁 시 적의 후방을 교란하여 군수물자의 보급을 차단하고 요인들을 저격해 전쟁을 승리로 이끈 군인들의 추모비다. 그들은 대부분 전쟁터에서 산화하여 고국으로 귀환하지 못했다. 그 후 부대는 해체되었고 그들의 후임 병들이 태종대에 남아 고혼의 넋을 지키고 있다. 우리들의 친구를 사형 집행한 그들도 이제는 노병으로 남아 있거나 사라졌으리라.

삼가 그들의 영전에 머리를 숙인다.

까치

내가 처음 발령받은 곳은 거제도 하청의 농업고등학교였다.

학생부장을 하던 김 선생님은 울산에서 근무하다 노조에 연루되어 섬으로 유배되어 와있었다. 대학의 선배였던 김 선생님은 섬 생활에 적응을 잘 했다. 동료선생님들과도 많은 대화를 터고 있었고, 학부모나 지역주민들과도 곧잘 어울렸다.

부임한 지 며칠이 지나지 않아 체육담당이던 옥 선생님이 꿩 사냥을 가려는데 동행할 의사를 타진해왔다. 나는 무조건 오케이였다. 엊그저께 군에서 전역한 나로서는 사격의 매력에서 벗어날 수 없었다. 그런데 김 선생님이 우리와 동행한 것은 참으로 우연이었다. 내가 꾸미고 나서는 행장을 보고 무작정 따라나선 것이었다. 김 선생님은 군대를 면제받은 분이었다.

꿩 사냥을 마치고 귀가하던 중 김 선생님은 사격을 해볼 기회를 달라고 조르기 시작했다. 하는 수 없어, 옥 선생님은 사격에 대한 간단한 기초교육을 했다. 그리고 이내 엎드려 자세를 취한 김 선생님에게 산탄 총알을 장진

해주었다. 기세등등하던 김 선생님이 갑자기 숙연해졌다. 거총을 한 자세로 머리는 땅바닥에 박고 있었다. 마파람에 개 눈 감추듯 한다는 말이 무색할 정도로 시선도 땅바닥으로 떨어뜨리고 있었다. 옥 선생님은 뽕나무 위에 앉은 까치를 향해 총구가 가도록 유도하고 있었으나 김 선생님은 계속 숙인 고개를 들지 않았다. 총신을 수평으로 바로 잡아주면 금방 총구가 아래로 축 쳐졌다. 그러기를 몇 차례 거듭하든 중 김 선생님은 얼떨결에 방아쇠를 당기고 말았다.

산탄 총알이 총구 앞에서 하얗게 먼지를 일으켰다. 그 순간 김 선생님은 고개를 쳐들었다. 얼굴이 백지장처럼 하얗게 변해 있었다. 그러면서 한 편으로는 무언가를 해냈다는 어설픈 미소를 띠고 있었다. 김 선생님이 까치를 명중시켰는지는 관심 밖이었다.

잠시 후 옥 선생님이 죽은 까치 한 마리를 들고 먼지 속에서 나타났다. 김 선생님은 느닷없이 자기실력으로 잡은 것이라고 했지만 옥 선생님은 그럴 리가 없다 놀라서 기절했을 뿐이라고 했다. 나도 옥 선생님의 말에 동의했다. 아무리 산탄총이기로서니 어림이 짐작이었다. 옥석을 가리기 위해 깃을 하나하나 뽑아 실탄자국을 확인하기로 했다. 결론적으로 탄흔은 어느 곳에서도 발견되지 않았다. 애매하게 까치만 한 마리 비명횡사시킨 꼴이 되었다.

옥 선생님은 죽은 까치를 재료로 요리를 만들어 시식해보라고 했다. 김 선생님과 나는 게름직해 쉽사리 먹을 용기가 나지 않았다. 꿩 요리에도 거부감을 보이는 김 선생님이었다. 식사가 끝난 후, 옥 선생님은 꿩 요리라고 해서 맛있게 먹은 요리가 모두 까치요리라고 일러주었다. 간만에 김 선생님을 위해 특식을 만들었다고 했다. 나는 날짐승은 체구가 작을수록 오묘한 맛을 낸다고 늘 생각하고 있었다. 그런데 큰 까치가 참새구이 못지않은 맛을 내는데 감탄했다. 갈까마귀를 비삼에 비유하는 것과 같은 맥락이라고 생각했다.

수년전 한국전력공사에서는 까치소탕작전을 펼친 적이 있었다. 까치가 전기합선을 일으키는 피해가 눈덩이만큼이나 커지자 이대로는 방치할 수 없다는 것이었다. 공사 직원이 직접 나서기도 하고 마리당 일정가격을 매겨 민간인에게 포상을 하기도 해 뿌리를 뽑겠다는 것이었다. 동내어귀에서 반갑게 손님을 맞이한다는 길조가 토벌의 대상으로 바뀌었다. 여기저기에서 총소리가 나고 그때마다 까치는 죽어갔다. 까치와 짝을 이뤄 동네 앞 논밭에 터전을 잡은 효자 이미지의 까마귀도 같은 신세로 추락했다. 정력에 좋다면 뭐든지 챙기고야마는 국민성의 소치였다. 소로 태어나려면 인도에서 태어나고, 까마귀로 태어날 바에야 일본에서 태어나든지 해야지!

아내는 기차여행 중 99번째 까치집을 발견했다며 좋아한다. 한동안 사라졌던 까치집이 버드나무에 걸린 것을 보고 손뼉을 쳐댄다. 올해는 나무꼭대기에 집을 지은 걸 보니 물이 흔해 장마가 들겠구나 하며 혼잣말을 하기도 한다. 어쨌거나 황량한 들녘에 까막까치가 날아와 짖어대니 활기가 솟구치는 것 같다. 가뜩이나 고향을 등지고 떠나는 농촌이 아니던가. 돌아온 까치처럼 훈훈한 시골인심이 이골저골 피어났으면 좋겠다.

푼수 없이 살아가는 시골사람이 있어, 시골은 안 돼! 식은 위험천만한 발상이다. 내가 살고 있는 시골에도 경제적으로는 천 명 중 한 명이 Millionaire이다. 백만장자란 예기다. 시골에서 부자가 못되는 영웅이 도시의 사류인생도 못되는 게 진상인 것이다. 혹간 고향에서 끼니해결도 못해 고향을 떠난 사람이 벼락부자가 된 경우가 있다. 한심스럽게도 그는 그 후 독불장군이 되어 있다. 고향을 버리고, 고향을 애써 외면한다. 고향의 아픔이 그를 그토록 일어설 수 있게 한 원동력이 되었음을 깨닫지 못한다. 그가 그토록 배고파서 궁지로 몰렸던 기억이 있었기 때문에 이를 악물 수 있었음을 상기하지 못한다. 부자와 가난뱅이는 종이 한 장 차이다. 아낀 것과 아끼지 못한 것의 차이다. 배고픔을 견뎌낸 것과 그때그때를 얼버무려 해결해나간 것의 차이다. 먼저 배고픔을 인지한 것과 나중에 인지한 것의 차이다.

어쨌든 부자는 베풀어야 한다. 자기가 벌었다고 해서 자기 것이 아님을 알아야 한다. 누구에게, 누구를 위하여 베풀 것인가를 명확하게 알아야 한다. 그것을 파악하지 못한다면 죄를 짓는 것과 다를 바 없다. 남을 울리지 않고 번 돈이 어디에 있겠는가? 적어도 울린 만큼은 갚아야 한다. 환원하고 세상을 떠나야 한다.

까치는 친밀하고 반가운 소식을 전해준다고 해서 길조가 되고 국조가 되었다고들 한다. 흰색과 검은색의 연미복을 입은 까치가 해조라는 이미지에서 벗어나 재조명되기를 바라는 마음이다. 그리고 까치집처럼 소담스럽고 정겨운 예기가 시골마을 구석구석 담겼으면 싶다. 그 속에 혼란해진 출향인들 마음의 온기가 소복하게 담겨졌으면 좋겠다.

아버지와 뜀박질을

아버진 초등학교엘 다니지 못하셨다.

그 시절 초등학교를 졸업한 사람은 행운아였다. 초등학교를 졸업한 정도의 사람이라면 거개가 농사일은 하지 않았다. 면서기를 하기도 했고 학교급사 노릇을 하기도 했다. 우체국이나 수리조합에서 일을 하기도 했다. 그들은 나중에 접장이 되기도 했고, 면장이 되기도 했고 군수나리가 되기도 했다. 진저리나는 농사일에 주로 매달린 사람들은 머슴이었거나 두어 마지기 논조차 가지지 못한 영세 소작인이었다. 머슴이라고 해서 아무나 하는 것이 아니었다. 팔뚝이 부어올라 장딴지만큼이나 해야 상머슴이라 불렸다. 아버진 할아버지의 체통으로 보아서도 머슴살이할 팔자는 아니었다. 그랬지만 찢어질듯 가난했던 가세에 눌려 열여섯에 장가를 들자마자 이국 일본으로 건너가셨다. 그곳 탄광촌에 둥지를 틀고 광부들에게 식사를 제공하는 일을 하셨다. 처음에는 급여가 있는 광부로 일할 작정이었지만 꼴머슴만도 못한 체격조건에 번번이 밀려났다. 보다 못한 광산관리자가 광산 앞 식당엘

소개해 그곳에서 전쟁이 끝날 때까지 잔뼈가 휘도록 일하셨다.

　나는 그 무렵 일본의 광산촌에서 태어났다. 일본사람이 지어준 내 이름은 시게짱이었다. 한국으로 돌아와 초등학교를 졸업할 때까지 나는 시게짱으로 불렸다. 일곱 살 들던 해 귀국을 했으니까 그때는 일본말을 꽤나 잘했을 터였다. 독립은 했지만 우리 사회가 아직은 일본 잔재에서 완전히 탈피하지 못하고 있었다. 그러니까 나의 언어구사도 일본어, 한국어가 뒤섞여 어떤 경우는 국적불명의 언어가 되어 갔다. 그리고 차츰 일본어는 뇌리 밖으로 밀려났다. 아버지와 어머니는 비밀스런 예기를 나눌 때면 곧장 일본어로 하시곤 했다. 그게 편하셨든지 아니면 쑥스런 얘기를 못 알아듣도록 예방한 것인지는 모르겠지만.

　내가 서른여덟쯤 됐을 때의 일이라고 기억하고 있지만 마산의 중학교에 근무하고 있었을 때 일본인 한 사람이 학교를 방문한 적이 있었다. 일제강점시절 고등학생이었던 선생님들도 함께 근무를 하고 있었다. 방문한 그분을 그 선생님에게 소개해드려야겠다고 생각한 나는 교무실을 한 바퀴 다 둘러보았지만 찾을 수 없었다. 평소 그 선생님과 유창한 일본어로 대화를 하시던 선생님도 보이지 않기는 마찬가지였다. 결국 일본어를 부전공한 젊은 강사선생님이 방문객과 이야기를 나누었다. 나중에 안 사실이었지만 평소 일본어를 구사하시던 선생님들은 해묵은 언어여서 통역이 따로 필요할 정도라고 했다. 언어란 흐르는 물과 같다는 진실 앞에 결국 그 선생님들은 스스로 피신한 것이었다. 블로큰 잉글리시가 아니라 블로큰 자파니스였다는 사실 때문에.

　귀국 후 아버지께서는 공설시장에서 백고무신 장사를 시작하셨다. 원체 장삿술에 능하셨든지 몇 년 후 거액의 돈을 모으셨다. 사십대 초반의 열정과 사업에 대한 혜안으로 사업은 번창일로였다. 고등학생이었던 나로서는 아버지께서 하시는 일에 대해서는 문외한이었다. 내가 대학의 졸업반이 될 무렵 아버지의 사업이 무너져 내리는 소리를 들을 수 있었다. 그때서야 아버지가 나에게 하셨던 말씀을 되새김질할 수 있었다. 장사꾼 돈, 개도 안 물어간다 라는 아버지의 말씀 속에 고뇌에 찬 우수를 보았었다. 너는 잠자코 선생질이나 하거라는 말씀을 좇아 교단에 붙박여 많은 세월을 허송하고 있지만 아버지의 마음을 아직껏 헤아리지 못한다. 오죽이면 불혹의 중반에 세상과 등졌을까? 얼마나 무거운 짐을 지셨기에 험한 세상살이를 접어셨을까? 백고무신 한 켤레 생산에 온 힘을 쏟았을 게고, 백고무신 한 켤레의 판로개척을 위해 온갖 투쟁을 벌이지 않으셨을까?

　아버지의 끝없는 도전은 예서 멈추지 않으셨다. 이제 사십대 중반, 모든 것을 접고 모든 것을 새로 시작하면 되는 것이었다. 낙향을 결심하게 되셨고, 한번 떠난 고향에 다신 와서는 안 된다는 개똥같은 룰을 어긴 아버지는 요절의 길을 걷게 된 것이었다. 부자가 망해도 삼년은 버틴다는 말도 빈말에 불과했다. 새로운 사업에 올인 하셨던 아버지께서 갑자기 돌아가시자 벌인 사업의 마지막 수습은 고인의 몫으로 돌아갔고 나머지 가족은 빚더미에 달랑 올라앉게 되었다. 장남인 나는 부모님 은덕으로 대학을 마칠 수 있었지만 동생들은 줄줄이 끼니걱정에 매달려야 했을 뿐 학업은 엄두도 내지 못했다. 아버지 한 사람이 미쳤던 영향이 이토록 무섭게 현실로 다가올 줄은 미처 몰랐었다.

아버지께서는 가시고 계시지 않지만 이제금 생각해보면 나에게도 거상이 될 수 있는 소질이 잠재되어 있지는 않았을까 궁금해진다. 아버지께서 돌아가시기 전에 분명히 느끼셨을 이렇게 하면 필히 망한다는 논리를 왜 아버지는 장남인 나에게 전수하시지 않으셨을까? 아마도 아버지께서는 자식들에게 이런 전철을 밟아서는 안 된다는 교훈만을 남기신 것 같았다.

개도 안 먹는다는 장사꾼 돈 얘기를 들려주셨던 그해 겨울, 나는 사범대학을 졸업했으면서도 발령이 나지 않아 대기 중이었다. 이따금 사범대학이 없었던 전라도에서, 강원도에서, 심지어는 제주도에서 최고의 조건으로 모시겠으니 일차 왕림해주셨으면 하는 편지연락을 받기도 했다. 허투루 광주엔 한 차례 다녀오기도 했다. 그곳에선 대환영이었다. 하지만 아버지께서는 맏상제를 도무지 그리로 보내고 싶어 하지 않으셨다. 하루는 아버지께서 울산 사립 고등학교 쪽에 자리가 비었다는 연락을 받으셨다며 동행하기를 제안해오셨다.

정해진 날, 약속시간에 맞춰 학교를 방문했고 교장선생님과 이사장님을 연이어 만났다. 채용이 불발로 끝난 것은 그 자리가 임시직이라는 점이었다. 강사로 학교에 근무하다보면 그들이 바라는 잣대에 맞을 경우 정규직으로 발령을 낼 수는 있을 터였다. 아버지는 내 눈치를 살피다 다음을 기약하겠다고 말하고 학교정문을 나섰다. 낯선 울산, 낯선 학교의 이미지를 멀리하고 나는 울산이라면 떠오르는 장생포 고래잡이 생각으로 꽉 차있었다. 그리고 아버지께서도 즐겨 잡수시는 고래 고기 생각에 군침을 삼켰을 것이라고 생각하고 있었다. 그러나 그런 기회는 오지 않았다. 돌아갈 기차표를 예매해두었기에 곧장 기차역으로 직행해야했다. 동서남북을 가릴 수도 없는 지역사정에다 어느 시간에 역으로 갈 버스가 올 것인지를 가늠조차 하기 어려웠다. 아버지께서는 역으로 향하는 도로표지판을 보시고는 나에게 넌지시 달리는 시늉을 하셨다. 나는 평소 아버지께서 달리는 모습을 뵌 적도 없었고 연세에도 맞지 않으실 것 같아 주춤거리고 있었다. 뿐만 아니라 달리기는 내 적성에도 맞지 않아 포기하려 했었다. 아버지께서는 뱉은 말에 억양을 실어 다시 말씀하시고 계셨다.

아무렴 내가 달리기에 아버지에게 질소냐 싶은 마음에 신발 끈을 조여 맸다. 드디어 달리기가 시작되었다. 아버지의 복장은 양복차림에 구두를 착용하고 계셨다. 만약에 달리기 선수 복장운운하면 제대로 실격이 될 것이 분명했다. 그런데 이번의 달리기는 친선차원의 성격이었으므로 복장 같은 데는 신경을 꺼도 되었다. 원래 상금이 없는 경기였지만 경기는 경기로 받아들여졌다. 영국 작가 몸이 그랬다. 지린 똥도 똥이라고.

경기에 임하는 부자의 각축전은 시작되었다. 초겨울의 된바람을 입으로 불어 머플러 뒤로 흘리면서 상체를 수그리고 치닫는 모습은 틀림없이 승전을 알리려는 그리스병사의 그것과 비견할 수 있는 것이었다. 아버지께서는 한 치의 양보 없이 나와 어깨를 나란히 견주시면서 지속적으로 뛰셨다. 일찍이 경험한 바 없었던 도로에서의 질주는 오가는 많은 사람들의 시선을 끌기에 충분했다. 아버지와 내가 약 4km 쯤 달렸을 때 기차역의 귀퉁이가 보이기 시작했다. 아버지와 나는 마라톤의 라스트피치를 올리듯 귀퉁이를 돌아 매표소 쪽으로 돌진해 들어갔다. 아버지는 내게 땀을 닦으라며 손수건을 건네주셨다. 이마에 맺힌 땀방울을 훔치면서 얼핏 아버지를 쳐다보았을 때 아버지께서는 숨길을 고르고 있었을 뿐 땀을 흘리시지는 않았다. 달려야 할 만큼 바쁜 일상에 아버지께서는 늘 노출되어 있었기에 땀 같은 것 흘릴 만한 여유가 없었던 게 아니었을까? 아버지께서는, 내가 대학을 졸업하고 군델 다녀온 후에도 취직을 하지 못하고 있으니까 안쓰러워 백방으로 취직자리를 찾고 계셨기에 오늘처럼 취직을 위한 자식과의 뜀박질은 의미가 있다고 분명 생각하셨을 것 같았다.

내가 그해 겨울, 거제도의 공립 고등학교 정규교사로 발령을 받고 임지에 도착한 날 아버지께서는 그 날짜로 성분도병원에 입원하시게 되었다. 나는 급기야 휴가를 내어 병원엘 갔었다. 원장과 담당과장이 환자 앞에서 영어로 말을 주고받았다. 병세가 워낙 치명적이어서 이삼일을 넘기기가 어렵겠다는 내용이었다. 이때만큼 내가 영어를 전공한 것이 원망스런 적이 없었다. 그런데도 아버지께서는 처음 시작하는 자리를 비워두고 왔음을 꾸짖으셨다. 하는 수 없어 나는 눈물을 뿌리며 아버지 말씀을 좇아 다시 배를 타고 임지로 향했다. 사흘이 지난 날 아버지가 위독하시다는 전화를 받고 부랴부랴 달려왔지만 아버지는 이미 영면에 드셨다. 임지로 되돌아가던 날 바다 속으로 흘려보냈던 그 많은 눈물이 이제는 말라버렸는지 흐르지 않았다.

아버지께서는 눈을 감으셨지만 돌아온 나에게 부디 선생노릇 잘 해라고 말씀하고 계시는 듯 했다.

응급실

교육장으로 발령이 나자 나는 먼저 이 지역 선배교육장님들을 모셔서 덕담을 듣고 싶었다. 그분들을 어디에 모시는 것이 좋을까 고심하던 중 역대교육장님들을 모셨던 김 기사에게서 답을 구할 수 있었다.

대나무집은 한적한 시골마을 모퉁이에 자리하고 있었다. 집에서 기르는 기러기를 요리의 주재료로 쓰는 조금은 특이한 음식점이었다. 오리나 기러기는 연세가 드신 어르신들에게 좋은 보양식이어서 재직 시 자주 찾았던 곳이었구나 생각했다. 퇴임을 하신 분들이니 무료를 달랠 겸 이곳에 모시는 것이 의미가 있겠다는 생각이 들었다. 다른 손님들이 뻔질나게 드나들지도 않았고 대개는 미리 예약을 해서 이용하는 집이었다. 식사를 끝내고도 원한다면 추가비용을 들이지 않고 밤을 새울 수도 있었다.

그들은 안주인을 강 마담이라고 불렀고 안주인은 그렇게 불리기를 좋아하는 듯 했다. 도시의 이름난 여고 출신이어서인지, 예순을 바라보는 나이 탓이어선지, 품위가 있어 보였고 문학에 대해서도 일가견이 있는 듯 해

보였다.

　저녁나절 초청했던 다섯 분의 전 교육장님들이 빠짐없이 참석했다. 부산서, 울산에서, 창원에서 그리고 진주에서 직접 운전을 해오셨지만 시간 약속을 잘 지켜주셨다. 공직에서 오랫동안 베인 습관 때문일 거라는 생각이 들었다. 미리 준비는 시켜두었지만 내가 도착했을 때 그들은 이미 도착해 있었다. 내가 짤막하게 변명을 하자 다들 ‘백수인 우리하고야 사정이 다르지요.’라며 오히려 위로해주었다. 그들은 벌써부터 술잔을 주거니 받거니 초벌 판을 짜고 있었다. 그분들의 한 가지 공통점은 애주가였다. 내가 해외여행 때 사두었던 양주를 한 병 꺼내놓자 그들은 반기며 고맙다는 말을 연발했다. 나에게도 잔을 권했지만 나는 술을 끊은 지 오래여서 마시는 시늉만 했을 뿐이었다. 나는 이따금 이 지역 기관장 모임에 참석했지만 술을 마시지 못한다고 해서 불편을 겪은 적은 없었다. 정작 술을 마시러 2차에 가는 날이면 나는 분위기를 고려해 슬쩍 빠지긴 했지만.

　그들은 분위기에 취해 마시고 또 마셨다. 이윽고 기러기구이가 나오고 따른 음식이 상 가득 차려지자 박수가 터졌다. 그들은 본격적으로 자리를 잡으며 술잔을 기울이기 시작했다. 내가 경험한 애주가들은 안주를 선호하지는 않은 것 같았다. 그들도 마찬가지로 별로 안주를 먹지 않았다. 그래도 연세가 있으신데 많은 양의 술을 드시는 데는 필히 안주를 드셔야 한다고 권했지만 요리조리 핑계를 대면서 다들 잘 피해나가셨다. 나는 자주 고기와 국물을 데워 오라고해서 차려놓아도 그대로 식히기는 마찬가지였다. 거개가 칠순을 넘기신 분들이었지만 술에 관한 한 여전히 노익장을 과시했다.

"최 교육장님은 아직도 많이 드시나보죠?"

내가 물었다.

"예전과 같을라고."

"하 교육장님은요?"

"내사 그럭저럭 이지만, 최 교육장은 아직 이야."

"사돈 남 말 하시네. 하 교육장은 아직도 끝이 안 보인다니까."

두 분은 술로 맺은 인연으로 함께 술을 드신 경력이 많았다. 거나하게 취기가 돌면 배를 까서 누가 더 창자를 많이 잘라냈는지 견주고들 했다. 두 분 다 창자를 한 발 씩이나 잘라내 술이 창자에 머무는 시간이 짧아 알코올 흡수가 덜 된다는 것이었다.

그날 술판은 완전히 주객이 전도되었다. 나는 새벽 두시까지 자리를 지키다 내일의 업무 때문에 부득이 사택으로 피신했다. 밑이 없는 술자리라 도대체 언제쯤 털고 일어설지 감이 잡히지 않아서였다. 다음날 소문을 듣자니 먼동이 터서야 새벽운동을 한다면서 자리를 떴다는 것이었다. 내가 아침 인사를 드리기 위해 대나무집에 들렀을 때는 그분들은 제각기 처소로 돌아간 후였다. 그분들의 뒷자리는 흔적이 없었고 처음처럼 말끔했다.

주도에 관해서라면 가문 논에 술잔으로 해갈을 시켰을 만큼 일화가 많을 터다. 그들이야말로 가히 산 증인으로 채택할 수 있을 것 같다. 여태 드신 양적인 면에서나 현재 들고 계시는 연세로 보아서도 감히 추종을 불허했다. 남자들의 세계에서 끝까지 대작할 수 있다는 것은 가장 부러움을 살 수 있는 것일 게다. 게다가 그들은 마실수록 신사도를 잃지 않는 멋쟁이들이었다. 어느 정도로 그들이 신사도를 발휘했는지는 최 교육장의 일화로 갈음하고자 한다.

　최 교육장은 원래 경북 경주 출신이었다. 경주 최부자댁 6남매 중 막내로 태어났다. 왜소한 학자풍의 얼굴을 하고 있었으며, 겉모습으로는 겁이 많아 보였다. 화롯불을 담아놓은 듯 불그레한 얼굴은 언제나 꼭 술에 취해 있는 것 같았다. 어렸을 적에는 몸에 열이 많아 그런 증상이 나타났으리라 여겼다. 그가 고등학교에 다녔을 때는 사정이 달랐다. 학생부 선생님은 그가 술을 마셨다고 해서 곤혹을 치르기도 했다. 그런 일은 커가면서 점점 심하게 다가왔다. 음주단속 교통순경은 매번 측정기를 몇 번이나 들이댔다. 마치 측정기가 고장이나 난 것처럼. 교직에 발을 디뎠을 때는 교장, 교감선생님이 그의 얼굴을 쳐다보기에 바빴다. 최 선생의 얼굴이 언제나 홍당무 색깔이니 뭐라고 설명해야 할지 난감해했다. 행여 학부모들로부터 최 선생 퇴출 운동이나 일어나지 않을까, 그리고 화가 그들에게 미치지나 않을까, 노심초사하는 모습들이었다.

　학교시절 그는 그다지 공부를 잘 한 편은 아니었다. 그렇다고 가재 모로 기듯 통 공부에 소홀한 것도 아니었다. 언제나 학생들 틈바구니에서 넉살좋게 굴러다니는 축에 끼었다. 아버지의 권유에 따라 대학진학을 하면서 경주에서 대구로 거처를 옮겼다. 교대를 졸업하고 약관 21세에 교편생활을 시작했지만 늘 배움이 모자란다고 생각하고 있었다. 교편생활의 시간을 쪼개 야간대학에 편입학을 했고 중등교사자격증을 땄다. 이어 사립 고등학교에 사회과 교사로 발령을 받았지만, 채 1년을 견뎌내지 못하고 초등학교로 다시 전직을 하고 막대기를 꽂았다. 그의 삶이라는 게 근본적으로는 앞으로 나아가는 것이었지만 제자리로 물러서기를 주저하지도 않았다.

그가 술을 마시기 시작한 것은 마흔 살이 되었을 때였다. 그해 교감으로 승진하면서 동료들과 처음으로 마셨던 술에 곤죽이 되어버린 관록을 갖고 있었다. 그 후로 술은 계속 이어졌지만 한 번도 술에 의해 자신을 잃어버리고 혼돈상태에 빠진 적은 없었다. 무언가 그 나름대로 술에 취하지 않는 비법을 터득한 것 같았다. 더욱이나 사십대 중반에 알코올을 여과시키지 못하는 한 발의 창자를 잘라냈고 매일 술을 거르는 날이 없었다. 같이 마신 사람이 곤드레만드레한 모습을 지켜보는 즐거움을 만끽하는 것 같았다.

오십대 후반에 이르러 그의 술과 건강관리 비법은 절정에 이르렀다. 술자리가 자꾸 늘어나는 반면에 비례하여 나이도 먹어갔다. 위에 철판을 깔았다손 하드라도 그 사이 닳든지 삭아서 못쓰게 되었을 게 뻔했다. 그걸 예감하기라도 하듯 그는 새로운 대처법을 강구했고 철두철미 지켜나갔다. 술을 마시는 시간이 길어져 새벽 두시를 넘기게 되면 그는 의례 응급실을 찾았다. 스스로 환자가 되어 날이 새도록 병원신세를 지는 것이었다. 가뜩이나 붉은 얼굴로 응급실에 들어서면 간호사며 야간 진료의사가 중환자 다루듯 극진하게 그를 보살펴 주었다. 다음날 아침 그는 가뿐하게 병원 문을 나서 출근을 하곤 했다. 나중에 그는 그 병원의 단골 고객이 되었다.

사람은 길들여지는 동물 제 1호다. 최근에 이르러 그는 앰뷸런스를 자주 이용하고 있다. 그게 더 안전하고, 여러분들의 심려를 덜어주고, 편리하다는 것을 깨달았기 때문이었다.

걷는다마는

가지산은 동부 경남 일대에서는 제일 높은 산이다.

등산을 즐겨하는 동호인들은 주말 산행코스로 가지산을 많이들 선호하는 것 같다. 여러 가지 이유가 있겠지만 아마도 오르는 코스가 여러 갈래가 있어 각자 자기 취향에 맞춰 선택할 수 있는 여지가 많기 때문일는지 모른다.

운문사에서 암자를 지나 정상에 오르기도 하고, 조금 가파르기는 하지만 운문사 반대편인 석골사에서 골짜기를 타고 올라 도달할 수도 있다. 산행시간을 늘려 잡는 사람들은, 석남사에서 부채꼴 모양을 그리며 등성이를 따라 일주하는 산행을 펼치기도 한다. 그런가 하면 정상에 오를 수 있는 가까운 코스도 있다. 바로 운문령 휴게소에 주차를 해두고 쌀바위를 거쳐 정상으로 가는 길이다. 간편한 등산복차림으로도 선뜻 나설 수 있는 코스여서 휴게소는 늘 만원이다. 개중에는 구두나 하이힐을 신고 대열에 참가하는 사람들을 심심찮게 만날 수 있다. 그들 중 대부분은 계획적으로 산에 오르려는 의도가 있었던 것이 아닌 듯하다. 경관이 빼어난 이곳을 우연히 지나치다 모두들 정상으로 향하니까 함께 휩쓸려 가는 모양새다. 정상에 이르는 가장 빠른 코스는 석남사 쪽 터널 휴게소가 있는 곳이다. 이곳은 휴게소의 위치가 가지산 8부 능선에 있어 정상까지의 거리가 가장 가깝다. 그래서인지 치마끈을 잡고 애써 정상으로 향하는 60대 할머니들의 모습도 종종 만날 수 있다.

지난 주말 석남사 휴게소를 지나다 터널 입구에서 도로가 막혀 운행에 어려움을 겪고 있었다. 나는 승용차를 갓길에 바짝 붙여 주차해놓고 사유를 알기 위해 차에서 내렸다. 몇 발자국 앞으로 나아가기도 전에 나는 내가 세워둔 승용차로 되돌아갈 수 없음을 깨달았다. 터널을 통해 밀려나오는 울긋불긋한 차림의 등산객들과 내가 주차한 쪽의 등산객들이 정상으로 향하는 좁은 출발선에서 엉켜 소용돌이를 치고 있었다. 사람들의 인파는 가히 저녁나절 자갈치시장을 방불케 했다. 뒷걸음질이란 있을 수 없는 사항에 처해버린 것이었다. 이 광경을 자갈치시장에 비유하는 것은 인파의 구성요소가 일정한 연령에 한정된 것이 아니라는 점이었다. 목말을 태운 젖먹이로부터 검은 머리카락이라고는 아예 없는 칠팔십 대 할머니, 거기다 노랑머리 곱슬머리 외국인까지 합세하여 인종 전시장을 연상케 했기 때문이다. 등산이 하나의 스포츠로 정의할 수 있다면, 석남사 휴게소에서 보여주는 등산은 가히 올림픽 수준의 스포츠로 각광 받을 수 있을 것이라는 확신이 든다.

나는 국민 스포츠에 참가하고 있는 그들의 소용돌이에 말려 가지산 9부 능선에 이르러서야 내 의지대로 몸을 가눌 수 있게 되었다. 내 딴엔 멋을 부려 붉은색 넥타이에 다림질이 잘된 검은색 정장, 그리고 윤기가 좌르르 흐르는 망사구두(등산화에, 하이힐에 짓밟혀 만신창이가 되었지만)가 볼품이 사나워졌다. 나는 후줄근해진 바짓가랑이를 무릎께로 끌어올리며 쌓인 낙엽위에 눌러앉았다. 낙엽이 바스러져 바지에 묻거나 말거나 더 이상 개의할 상황은 아닌 것 같았다.

한참동안의 진통을 치른 나로서는 이제 편안한 숨을 내쉴 수 있을 것 같았다. 조여 맨 넥타이를 느슨하게 풀어헤치고, 와이셔츠의 위 단추를 끄르면서 목덜미의 진땀을 닦아낼 여유까지 생겼다. 내 앞으로 분주하게 오르내리는 사람들이 나를 자꾸 힐끔거렸다. 현재의 위치라면 아직 휴식을 취할 산행거리가 아니라고 생각하는 것 같았다. 그러나 그것은 그들의 사정이었고 나에 대한 조금의 배려도 고려되지 않은 것 같았다.

"그러고서 언제 정상에 오르겠어요?"

"그러다 해떨어지겠네요!"

모두들 쫓기듯 오르내리고 있었다. 그러면서 한마디씩 충고의 말을 뱉어내고 있었다. 나는 그들의 말에 개의치 않았고 혼자 생각에 머물러 있었다.

나는 원래 등산을 할 의향이 없는 사람이었다. 더군다나 정상까지 올라갈 필요나 이유는 더욱 없었다. 그들이 나를 끌고 왔던 아니면 불의에 끌려왔던 더 이상의 등산은 나에게 아무런 의미가 없었다. 나는 나대로 쉬든지 쉬었다가 이대로 하산하면 되는 것이었다. 누군가가 나에게 간만에 등산을 하셨다면서요, 라고 말을 걸어온다면 예, 라고 대답했을 것이다. 내가 굳이 묻지도 않는 말에 가지산 9부 능선까지요, 라고 언성을 높일 이유는 없는 것이었다. 그들은 이의 없이 내가 가지산 정상정복을 하였구나 생각할 것이었다.

45세가 되던 해 가을, 나는 남해 섬의 해안을 따라 승용차를 운전하고 있었다. 그동안 쌓였던 스트레스 때문에 머리가 지끈거려 무작정 차를 끌고 나온 것이었다. 한참을 달리다보니 어느새 대교를 지나 금산방향으로 향하고 있었다. 수려한 남해의 가을 바다와 절경 금산의 타는 듯한 단풍이 나를 매료시키기에 충분했다. 나는 산 아래 임시 휴게소에 차를 파킹했다. 그리고 정상으로 향한 단풍행렬을 올려다보았다. 평소에 산 오르기를 거의 하지 않은 탓으로 그날도 오름길을 단풍을 따라 올려다볼 뿐이었다.

"아저씨! 동동주 한 잔 하시고 가세요."

짧은 가을 해가 한 발 남짓 서쪽 산위에 걸려 있었다. 동동주에 대한 유혹은 뿌리칠 수 없었다. 단 숨에 두 잔을 거푸 마시고는 김치깍두기 한 점을 씹었다.

"얼른 다녀오세요! 금산은 낮아 뵈도 그리 녹녹하지가 않아요!"

나는 미적거리고 있었다. 분명한 것은 등산을 하려고 차를 파킹한 것이 아니라는 사실이었다.

"나도 오늘 장사는 그만 걷을 참인 게. 젊은 양반, 빨리 서두르셔요. 그러다 해떨어지겠어요!"

허참, 권하는 장사 밑지지 않는다고 어디 한 번 슬슬 올라가봐. 그렇게 마음이 바뀐 것은 우유부단하지 못한 내 정신 상태에다 약간의 술기운이 동조를 했기 때문이었다.

금산 등반을 한 지 이틀이 지났다.

그때까지만 해도 몸이 개운했다. 사흘 째 아침이었다. 눈은 떠졌지만 왠지 가슴이 답답했다. 평소에 없던 징후였지만 뭐 그르려니 했다. 그런데 그게 아니었다. 구부리지 않고는 서있을 수가 없었다. 무언가가 폐로 들어가는 공기를 차단하는 것 같았다. 그래도 눈곱만큼 트인 공간이 있는 건지 간신이 공기를 불어낼 수는 있었다. 시간이 흐를수록 공기를 끌어넣기가 점점 힘들어졌다. 엉겁결에 집 앞 약방에서 처방한 약을 들이켰다. 30분쯤 지나자 굵은 땀방울이 이마에 맺히기 시작했다. 그리고 숨을 쉬기도 용이해졌다. 무엇이 갑자기 기도를 막았을까? 이유랬자 동동주와 등산 밖에는 기억나는 게 없었다. 그날은 그렇게 어영부영 지나갔다. 다음날 아침은 어제보다 고통이 더 따랐다. 남아있는 약을 털어 넣자 잠시 후 어제처럼 진정기미가 있었다. 오후에는 아무래도 병원엘 가봐야겠다. 나는 직장이 파하기를 기다려 아내에게 이끌려 동네병원에 갔다. 큰 병원엘 갈려고도 했지만 동네병원을 선택한 것은 스스로 병을 키우고 싶지 않다는 내 주장을 우겼기 때문이었다. 몇 가지 간단한 검사를 하고, 그걸 토대로 의사의 진료가 있었다. 의사는 평소의 운동부족과 그날 등산의 무리함으로 인해 신체에 과부하가 걸린 것으로 결론을 내려주었다. 앞으로는 정기적으로 자신에게 알맞은 양의 운동이 필요하다고 덧붙였다. 아내는 안달하는 마음에, 의사와 나의 수다를 못미더워하는 눈치였다. 나는 아내에게 눈을 찡긋거리며 주사실로 향했다. 내가 눈신호를 한 것은 한편으로 동네병원에 오길 잘했다는 의미가 담겨있었다. 다른 한편으로는 주사 맞기를 지극히 싫어하는 내가 용감하게 대처하고 있음을 아내에게 보여주는 행위였다. 그 사이 아내는 처방전을 들고 약국으로 향했다. 아내의 손아귀에 쥐어진 약이 한 달분이나 되는 건지 봉지가 찢어질 듯 부풀어 올라 있었다.

무리한 등산으로 인한 후유증은 차츰 가라앉았다. 의사가 나에게 숨을 바로 쉴 수 있게 해준 것에 대하여 나는 늘 고맙게 생각했다. 그래서 그가 나에게 필요성을 강조한 운동을 시작하기로 했다. 나는 아내의 주문에 따라 걷기를 선택했다. 달리기 다음으로 내가 싫어하는 운동이 걷기였다. 걷기란, 매일같이 바쁘게 돌아가는 세상살이에 거추장스런 장식일 뿐이었다. 그렇다고 운동하기를 싫어하는 내가 마땅히 선택할 운동종목이 있을 리 없었다.

아침시간은 식사를 걸러도 좋을 만큼 단잠에 빠져들 때이다. 아내의 성화에 간신이 눈을 뜨면 모든 게 몽롱해졌다. 거기다 30분 정도의 걷기를 추가하면 온종일 피곤이 가시지 않았다. 사흘이 지나도, 일주일이 지나도 피곤함이 더해갈 따름이었다. 와중에 감기기운이 목구멍 한가운데 걸려 오락가락했다. 피곤을 덜려고 하는 운동이 피곤을 달고 다닌다면 그건 아닌 거야. 나는 아침체질이 아닌가보다. 그렇다면 아침운동은 그만두어야지.

늦은 퇴근에다 야근마저 불사해야 했기에 오후운동은 엄두도 못 낼 처지였다. 직장 친목회장직을 맡다보니 주일이면 결혼축의금 전달임무로 시간을 따로 돌릴 여력이 없었다. 5년이나 맡아하던 친목회장 자리를 직장을 옮기면서 떼어 냈다. 나에게 맡겨졌던 청첩장과 부고가, 새로운 친목회장에게로 넘겨지면서 주말과 일요일 시간에 구멍이 뻥 뚫렸다. 처음에는 허전했다. 하던 일에 갑자기 손을 뗀 느낌이어서 그랬다. 하지만 얼마동안만 참기로 했다. 나는 그 시간들을 아내의 손에 이끌려 걷기를 시작했다. 적어도 땀이 밸 정도의 걷기란 쉬운 일이 아니었다. 그러나 거짓말도 하면 할수록 느는 것처럼, 걷기도 빠른 속도로 익숙해졌다.

걷기를 계속 한 것이 5년째가 되는 것 같다. 그리고 지금까지의 하루 걷기 중 최대거리는 63,000보, 대략 42km쯤 되는 것으로 생각된다. 되돌아보면 5년이라는 세월이 흐르는 동안 한 번도 폐를 가로막았던 증상이 발생하지 않았다는 사실에 스스로 놀라게 된다.

아무래도 삶이란 장거리 여행임에 틀림없다는 생각이 든다. 거기에 포인트를 맞춰 살아가는 지혜를 터득해 나아가야 할 것 같다. 그리고 아등바등 산의 정상에 오르는 것만이 산을 대하는 태도가 아니라는 생각도 든다. 아름다운 산을 멀리서 바라보는 것 또한 산행 못지않은 기쁨을 줄 수 있다는 평범한 진리를 깨닫게 되는 것 같다.

작은 부자

누구나 부자가 될 수 있다. '나는 꼭 부자가 되어야만 하겠다.'고 생각한다면 말이다. 그렇다고 해서 큰 부자가 된다는 보장은 없다. 역설적으로 작은 부자는 기필코 될 수 있다는 말이기도 하다. 여기서 말하는 작다는 개념의 범위가 애매하다고 생각하지 않는가? 현금 1억이 주머니에 있다면 작은 부자라 할 수 있을까? 고개를 끄덕거릴 사람도 있겠지만 아마도 대부분의 사람들은 고개를 가로저을 것 같다. 그럼 얼마만큼이 작은 부자에 충족한 액수가 될 수 있을까? 그에 대한 대답은 사람마다 다를 것이다. 아무리 가져도 '나는 아직 부자가 아니야. 이 정도로 남들이 나를 부자라고 불러줄까?' 하고 생각한다면 그는 결코 부자일 수 없을 것이다. 그렇다면 누구나 부자가 될 수 있다는 명제는 성립하지 않는 것일까? 그렇지가 않다는 게 나의 주장이자 논리이다. 여러분들은 누구나 부자가 될 자격이 있으므로 반드시 부자가 되고야 말 것이다.

나는 최근 5년간에 걸쳐 부자가 될 수밖에 없는 저의 논리를 정립한 바가 있다.

E=S

　이것이 내가 주장하는 논리의 근간이다. E와 S는 '='이라는 간단한 함수관계를 표시한 것이다. E는 Earning의 첫 글자이고, S는 Saving의 첫 글자이다. 버는 것과 저축하는 것은 같다는 뜻이다. 다시 말하면 버는 전체액수를 몽땅 한 구덩이에 털어 넣고는 지퍼로 새어나오지 못하게 막아버린다는 말이다. 그러고서 뭘 먹고 살며 일상생활을 어떻게 영위할 수 있겠느냐고 당연히 되물을 것이라고 생각된다. 계층상승이 손바닥 뒤집듯 하다면야 무수한 현자들이 왜 부자가 되는 자기 논리를 펼쳤겠는가? 나는 경제 분야에는 거의 먹통수준이다. 그러나 'E=S'라는 내가 고안한 이론은 출간은 하지 않았지만, 원고지 500매 정도의 이론을 뒷받침해주는 내용들이 수록되어 있다. 이런 내용들은 완결된 것이 아니다. 변하는 시대에 따라 보완해야 할 여지를 남기고 있다. 나는 이 내용을 책자로 발간할 생각을 추호도 해본 적이 없다. 이유는 간단하다. 굳이 발간하지 않아도 이미 상당부분 여러분들이 실천하고 있기 때문이다. 나는 이렇게 생각해 본다. 부자가 되고 싶은 간절한 소망은 모두가 가지지만 이루어내지 못하는 것은, 내가 부자가 되어야겠다는 욕망을 쉽게 놓아버리는 것이 아닌가 한다. 사실 부자가 되는 길은 공부를 잘 하기보다 월등히 어렵다는 사실을 실감하지도 모르겠다. 더욱이 큰 부자가 되는 것은 공부를 잘 해서 성취할 수 있는 것이 아니지 않는가?

각설하고 부자가 될 수밖에 없는 내용을 부연해보고자 한다. 어떤 훌륭한 제안이나 발명도 거기에는 단단한 기초가 있게 마련이다. 나는 그 기초를 두 가지로 나누어 보았다. 하나는 이렇게 하면 반드시 망한다는 것이고, 다른 하나는 저렇게 하면 반드시 부자가 된다는 것이다. 이 두 가지 사실을 각각 한 개씩의 예를 들어보겠다.

첫째, 망하는 경우이다.

가장 가까이에 계셨던 나의 아버지의 경우이다.

아버지께서는 현재 가치로 환산해 약 500억 원의 재산을 모으셨다. 그런데 어쩌다 일시에 그 재산을 다 잃게 되었다. 경영에 문제가 있었을 것이라 생각된다. 충분히 그럴 수 있는 일이다. 3대 부자가 그리 쉬운 일인가? 대개는 당대에 일으켜 세웠다가 당대에 원위치로 돌려놓는 것으로 끝장을 낸다. 아버지께서는 고향을 떠나실 때처럼 빈손으로 고향에 돌아오시게 되었다. 그 후 여러 가지 사업을 하셨지만 그동안 누적되었으리라 판단되는 스트레스로 인해 중병을 얻어 돌아가셨다. 45세라는 연세가 아깝고 안타까운 일이었다. 요즘 흔히들 90인생살이라 하지 않는가? 아버지께서는 절반의 삶을 사시고 가셨다. 아버지의 짧은 삶은 이렇게 살면 생의 절반만큼만 살 수 있다는 중요한 교훈을 남기셨다. 나의 형제들은 모두 6남매였지만 그중 4명은 아버지의 교훈을 어겨 40대 초와 50대 초에 고인이 되었다. 아버지에게 있어서 또 다른 45년이 영원이 사라졌다는 것은 높은 경지의 노하우를 유산으로 전수받지 못한 자식들의 유한이 되고 말았다.

　둘째, 반드시 부자가 되는 경우이다.

　나는 부자에 이르는 길을 모색함에 있어 가까운 곳에서 찾으려고 애쓰는 편이다. 이따금은 멀리 남에게서 빌려 쓰기도 하지만. 그건 원류로서가 아니라 참고사항으로 받아들인다. 나의 가족사나 가족력으로도 많은 자료가 구비되어 있기 때문이다.

　나의 E=S라는 원리는 외할머니의 삶에서 캐낸 것이다.

　외할머니 댁은 고향에서 10리쯤 떨어진 곳에 있었다. 토라져 앉은 후미진 곳이었지만, 고향에 갈 때마다 잊지 않고 찾았다. 사실 나는 고향보다 외할머니를 찾는 일로 해서 고향엘 갔다고 고백하는 편이 솔직하다 할 수 있겠다. 외할머니 댁에는 50평 남짓한 텃밭과 나직하게 지은 전형적인 초가집이 있었다. 나중에 알아낸 일이지만 작은 부자가 되는 길이 그 속에 감춰져 있었다. 참으로 소중한 길이 그 속에서 진주처럼 영롱이고 있었다. 아버지의 재산 모우기가 장모님으로부터 시작되었으리라 미루어 짐작이 갔다. 장모님과 함께한 일본에서의 생활이 영향을 미쳤으리란 것은 자명한 일이었다. 귀국해서 어느 정도의 기반이 잡혀졌을 때까지 장모님은 아버지와 가까이에 계셨다. 외할머니께서는 환갑이 훨씬 지나서야 농촌으로 귀향하셨다.

　외할머니께서는 부자가 되는 길을 아셨던 것이 아니다. 다만 일상생활에서 그 길을 줄곧 걸어오신 산증인이었다. 외할머니의 50평 텃밭에는 비어 있는 공간을 찾을 수 없었다. 외할머니께서는 진종일 텃밭에서 사셨다. 그리고 초가집 추녀 끝에는 먹을거리가 항상 주렁주렁 매달려 있었다. 작은 광에는 가마니와 부대 가득 감자며 고구마가 담겨 있었다. 뒤뜰에는 늦은 봄에 부화했을 병아리들이 돼지우리 주변과 소외양간 안팎으로 드나들기에 한창이었다. 외할머니께서는 병아리가 언제 탄생했는지 족제비가 병아리를 몇 마리나 물어 갔는지에 대하여는 아는 바가 없는 듯 했다. '족제비도 제 새끼 굶기려 하겠나? 못 지키는 게 푼수지.' 그러셔도 나들이를 다녀오실 때면 나무토막이나 하다못해 새끼줄 한 오라기라도 쥐셔야 귀가하셨다. 외할머니께서는 그 누구에게도 계란 한 꾸러미는커녕 낱알도 그냥은 내주시지 않았다. 언제나 '죽으면 썩어질 손 됐다 어디 쓰냐?'라는 논리를 폈다.

외할머니 댁은 부엉이 집으로 동네에서 소문이 났었다. 어떤 이는 지독한 늙은이라고 핀잔했고 어떤 이는 죽어서 매고 갈려고 그러느냐며 비아냥댔다. 하지만 외할머니의 초심은 변함이 없었다. 그리고 오로지 외손자인 나를 향한 지극정성은 모든 것을 다 내어놓아도 아까워하지 않을 심산이라고 생각했다. 내 동생들이 간혹 외할머니를 찾아갔을 때는 실컷 일만 시켰지 응분의 보상은 하지 않으셨다. 왜 외할머니께서는 나에게만 애정을 표시하셨을까? 그것은 외할머니의 소관일 뿐 나로서는 판단할 수 없는 것이었다.

요즘은 월 수당이니 월 급여니 하는 개념보다 연봉으로 얼마큼 수령한다는 시대에 살고 있다. 사람마다 맡은 업무의 비중이 달라 연봉에도 큰 폭의 차이가 있게 마련이다. 그러나 부자가 되는 길에는 연봉의 높고 낮음이 전혀 문제가 되지 않는다고 본다. 여기에 외할머니의 논리를 적용시켜 보면 하루에 주워오는 한 개의 나무토막이 1년이면 365토막이 된다. 10년이면 3,650토막이 분명하다. 45년이면 전자계산기를 들이대야 토막 숫자가 분명해질 것 같다. 이 시대에는 90년에 대입시켜야 확실한 계산이 설 것 같다. 밑천을 들여서 가져온 게 아니어서 계산된 숫자대로 어김없이 환전할 수 있었을 것이다. 이것이 'E=S'라는 논리의 기본이다. 가져온 나무토막은 그대로 텃밭에 야적되어 있었다. 그사이 불이라도 나서는 안 된다는 부처님의 가호라도 있었을까? 쓰나미가 몽땅 쓸어가 버리면 어떡했을까? 많은 것을 소유하고 그것을 유지, 발전시켜 나가려면 이를 가로막는 것이 어디 불뿐이겠는가? 쓰나미뿐이겠는가? 자연재해 못지않게 우려스러운 것이 인재라는 생각이 든다. 나는 이에 대한 예방책으로 수많은 논의를 하고 해석을 하며 닥쳐올 더 큰 재앙에 대한 대비책을 강구해오고 있다. 그러므로 나의 '작은 부자가 되는 길'은 종지부를 찍을 수 없다.

작은 부자가 기어이 되려는 사람들에게, 되어서는 안 되도록 가로막는 바이러스가 생성하게 된다. 그 바이러스는 내성이 길러져 사람들의 도전을 쉽게 뿌리치게 된다. 항복을 받아낼 때까지 집요하게 말이다. 견디다 못해 파산한 사람이 아파트 고층에서 뛰어내리도록 유혹도 할 것이다. 중도하차하는 사람들에게 바이러스는 승리의 갈채를 보낼 것이다.

끝으로 하고 싶은 말은 외할머니께서는 당신이 없는 것 없이 부엉이 같은 삶을 사시면서 당신이 부자라는 걸 느끼시지는 못했던 것 같다. 하지만 내 눈에 비친 외할머니상은 정녕 작은 부자였음에 틀림없다. 외할머니의 인자하신 눈 속에는 언제나 큰손자의 모습이 담겨 있어서 행복하셨던 것을 느낄 수 있었다. 추녀 끝에 달아 논 옥수수를 언제든지 내놓으실 수 있으셔서 행복해보였고, 큰손자에게 기름이 둥둥 뜨는 영계백숙을 해줄 수 있어서 행복하신 것 같았다. 그리고 정성으로 쌓아가는 나무토막이 태산처럼 높아 하늘을 찌르는 모습에 행복해하시는 것 같았다.

나의 외할머니께서는 101세 되던 어느 따뜻한 봄날, 웃음을 머금은 채 눈을 감으셨다. 애석하게도 작은 부자 한 분이 사라진 것이었다. 가진 것 모든 것을 초가집에 빼곡히 남겨놓으신 채.

바다 사과

동네 또래들은 다섯 살이면 바닷물에 동동 떠다녔다. 개구리처럼 눈과 코를 빠끔 물위에 내놓고 하시키선에서 런치선으로 헤엄쳐 다녔다. 헤엄쳐 다니는 곳의 수심은 그들이 알 바 아니었다.

나는 시퍼런 바닷물색깔에 질려 오금을 펴지 못하다 일곱 살이 되어서야 개구리헤엄을 터득할 수 있었다. 개구리헤엄이라고 가르쳐 준 사람은 없었다. 방파대 안자락 파래와 홍합이 달라붙은 청석을 붙잡고 머리를 물속에 잠갔다 뺐다를 수없이 반복했을 뿐이었다. 그러든 어느 날 돌에서 손을 뗐을 때 신기하게도 가라앉질 않았다. 갑자기 햇볕에 노출된 땅강아지처럼 파닥거리다 차츰 안정을 찾았다. 그게 수영이라는 것이었다. 늦게나마 뽀돌(봉돌)이라는 딱지를 떼고 나니 하늘을 날을 것 같았다.

동네 또래들이 중학교와 고등학교에 입학하면서 전국수영대회는 우리들 차지였다. 자유형은 말할 것도 없었고 평영, 접영, 배영, 혼계영까지 모조리 휩쓸었다. 3관왕도 수두룩했다. 나까지 평영 1,500M 전국대회에서 동상을 수상할 수 있었던 것은 전적으로 그들의 배려와 우의에서였다.

피난시절 누구라서 감히 수영을 할 수 있었겠는가? 단칸방에 3대가 내리 살다 보면 땀띠투성이가 되어 바닷물에 찔끔 담구는 정도가 고작이었다. 어린애까지 낱담배나 껌팔이 행상을 시켜 생계를 유지해야 했던 피난민의 고달픔에 비하면 우리의 여건은 상대적으로 좋았던 게 사실이었다. 또한 우리네 아버지 세대는 공부하고는 무관해서 자식들에게 공부하라는 부담은 전혀 주지 않았다. 대학에 보낼 형편도 아니었지만 솔직히 말해서, 대학이 뭘 하는 곳인지조차 알지 못했다. 공고나 수고를 졸업하고 기관 수리를 하거나 배를 타거나 하면 족했다. 학비나 숙식비 부담이 전혀 없는 국립해양대학이 코앞에 있긴 했지만 거긴 전국의 수제들이 모여드는 학교여서 아예 엄두도 낼 수 없었다.

5월에 접어들면 방파제벽을 뒷짐삼아 괜스레 밀치기놀이를 해 한 녀석을 차가운 바닷물 속에 밀어 넣곤 했다. 한 녀석이 물속에 빠지면 나머지 녀석들도 같이 물에 뛰어 들었다. 그것이 한 해의 시작이었고 우리는 그것을 우의라고 생각했다.

차가운 5월의 바닷물에서 우리는 스스로를 단련시켰고, 하고 싶어 하는 수영을 밀어붙이는 과감성이 우리를 강하게 만들었다. 5관왕을 한 선배의 혹독한 훈련방식도 한 몫을 했음은 말할 나위 없다. 우리들 중 몇 명은 국제대회에도 나갔지만 별 성과를 거두진 못했다. 그 무렵엔 전 종목을 수영강국 일본이 석권하고 있었다. 조직적이고 과학적인 영법을 국가가 앞장서 개발하고 선수들에게 적응훈련을 시키니 그럴 수밖에 없었다. 훗날 일본으로 밀항했다 쫓겨난 한 친구가 그 사실을 알아내 퍼트렸다. 그 녀석은 끝내 밀항에 성공해 한국에서는 다시 그를 찾을 수 없었다.

중학교에 다녔을 때 시내 대부분의 중·고등학교에서는 여름방학에 들어가기 직전 해양훈련을 실시했다. 내가 다니는 학교도 예외는 아니었다. 3일간 하는 해양훈련은 개별로 집결지까지 가야 했다. 나는 우선 전차를 이용했고 내려서는 큰 재를 걸어서 넘어야 했다. 체력이 바닥을 들어낼 정도가 되면 집결지에 도달할 수 있었다. 행사는 집결지에서 숙박을 하는 것이 아니라 매일 등교하듯 했으니 강행군 그 자체였다. 그러나 불평을 토로하거나 결석을 하는 학생은 한 명도 없었다. 우리들은 전시체제에 맞게 훈련되어 있었던 것 같았다. 그리고 여름만 돌아오면 손꼽아 해양훈련이 기다려졌다.

행사의 스케줄은 다양했다. 모든 종류의 수상경기는 기본이었고, 내가 제일 좋아하는 전마선 노 젓기 프로그램도 매년 실시했다. 마지막 날엔 육상경기인 단축 마라톤까지 끼어 있었다. 많은 학생이 가급적 많은 종목에 참여하는 것이 해양훈련의 목적인 것 같았다. 줄다리기, 마라톤, 물속에서 숨 쉬지 않고 오래 견디기 등의 경기는 모두들 필수적으로 참가해야했다.

줄다리기는 손바닥에 물집이 생길만큼 부담스런 경기였지만 급우들과 함께하는 경기여서 신이 났다. 우리 반은 결승에 오르지 못해 그나마 힘을 비축할 수 있었지만 결승진출 팀은 그야말로 기진맥진이었다. 손바닥엔 물집이 생겨 아린 표정들이 역력했다.

내가 가장 싫어하는 종목은 마라톤이었다. 내 짝지는 마른 손수건을 입

안에 틀어막고 끝까지 완주를 했다. 비록 1등은 하지 못했지만 그의 승부근성은 가히 놀라울 정도였다. 물속에서 오래 견디기는 체질과 인내의 경기인 것 같았다. 이 경기에는 제주도 해녀자녀들이 판을 쳤다. 그런데 내가 중3이었을 때 이 종목에서 이변이 생겼다. 예년도와 같이 해녀의 자녀들은 2분에서 3분 정도의 월등한 잠수기록으로 타의 추종을 불허했다. 그 때 4분여의 신기록이 탄생한 것이었다. 그는 의식을 잃고 있었다. 그때까지도 껴안고 있든 커다란 돌멩이를 그에게서 떼어 냈다. 체육선생님이 그의 심장을 압박해 호흡을 시키고, 팔다리를 주물러 혈이 돌아가게 하느라 여념이 없었다. 그는 마침내 소생했다. 본부에서는 상장의 순위를 정하고 기록하느라 열을 올렸다. 그런데 누군가가 이의를 제기했다. 4분여의 기록은 기록으로 인정할 수 없다는 것이었다. 다시 말해 죽으려고 작정한 사람에게 상을 준다는 것은 부당하며 스포츠정신에 위배된다는 것이었다. 시상이 지연되고 있었다. 두 시간이 경과한 뒤에 내린 결론은 간단했다. 그에게 감투상을 주기로 만장일치로 합의에 이르렀다는 것이다. 참으로 현명한 솔로몬의 판단이었다고 생각했다.

7월의 바다는 한없이 넓게 펼쳐진다.

원색으로 광목에 물들인 수영복을 사타구니에 조여감고 나서면 바다는 정녕 우리들의 품안에 안긴다. 부글부글 끓어오르는 바다 가운데로 풋사과를 힘껏 던지면 먹이를 쫓는 고기떼처럼 젊음이 물속으로 곤두박질친다. 사과가 뛰어오르고, 고기떼가 뛰어오르고, 젊음이 물거품을 일으키며 바다 위로 숫구친다. 사과와 고기떼와 젊음이 물길을 따라 흘러가면서 춤판을 벌린

다. 그 사이로 전마선이 삐걱거리며 가로지르고, 런치가 하시키를 줄줄이
엮어 끌고 간다. 광경을 지켜보는 외항선이 먼 바다에서 황소울음 같은 낮
은 톤의 고동을 불어낸다. 젊음은 수산시험장이 있는 붉은 등대에서 너른
바다로 향하고 머리통이 물속으로 들락거리다 아스라이 파도 속으로 사라
진다. 그사이 풋사과는 바닷물을 흠씬 마시고 간이 밴다. 사과산을 바닷물
에 깡그리 토해낸 사과가 단맛으로 절이 삭는다. 우리는 사과와 바닷물을
한 입 베어 물고 사과와 바닷물의 싱그러운 조화를 삼킨다. 우리는 이렇게
허기로부터 풀려나고 약동의 생명을 얻는다. 우리가 돌아올 곳은 붉은 등대
가 아니어도 무방하다. 바다는 모든 세상으로 열려있다. 바다는 모든 세상
사람들에게 열려 있다. 폴리네시안 젊은이에게는 빵나무 한 그루만 있으면
족하다고 했다. 빵나무를 바다로 열려 있는 모든 세상에 심을 거니까.

　　사과가 떨어지고 바다가 닫치는 계절이 오면 우리는 아예 바다 속으로
들어가 버린다. 고요의 바다 속은 우리들의 요람이다. 무동력선인 하시키처
럼 그 안에서 꼼작하지 않는다. 사과나무가 푸른 바다에 떠오를 사과의 꿈
을 꾸는 동안까지는.

제2부

봄날은 간다

낯가린 그녀

1

　운동이 보약보다 낫다는 말을 흔히 듣는다. 웬만한 한의사도 그리 말하는 것을 보면 퍽 믿음이 가는 말이다. 그런데 나는 운동체질이 아니어서 그런지 그 말에 쉽게 동의를 하지 못한다. 40년간이나 공직생활을 해 온 나로서는 이렁저렁 핑계를 대면서 운동으로부터 용케 빠져나갔다. 그게 버릇으로 굳어졌다고 믿었었는데, 공직을 떠나자마자 아내에게 코가 꿰여 매일아침운동을 하지 않을 수 없게 되었다. 자고나니 유명한 시인이 되었더라는 바이런의 말처럼 나의 운명도 하루아침에 뒤바뀌었다. 아침운동을 하는 날이면 그럴 때마다 나는 피곤에 짓눌려 아침밥숟가락을 놓는 순간 잠으로 빠져들고 만다.

　아내의 사정은 나하고는 생판 다르다. 먼동이 터기도 전에 운동은 시작된다. 저녁 9시 뉴스를 보지도 못하고 꿈나라를 헤맨다. 정치니, 스포츠니,

사회에 관한 뉴스와는 평생을 담을 쌓고 살아간다. 정치가 없어도, 법을 몰라도 잘 살아가는 것 같다. 시의원이, 도의원이, 심지어는 국회의원이 무슨 일을 하는 것인지 알 바가 아니다. 롯데가 9회 말 굿바이 홈런을 쳐봤자 무슨 소용이겠는가 말이다. 아내는 그런 걸 귀찮게 왜 달고 다니지 식이다. 아내에게는, 알면 알수록 고달파지고 모르면 모를수록 편안한 이치가 여기에 담겨있는 것 같다.

　　나는 오래전 근무했던 곳을 배경으로 단편소설을 쓴답시고 끍적거리던 적이 있었다. 지금은 글의 주제조차 잘 기억이 나지 않는다. 제목을 붙이기 위해서도 수십 가지의 상념들이 자리했기에 딱히 어디에 초점을 두어 선정을 마무리 지었는지는 유감스럽게도 떠올릴 수 없다. 다만 생생한 것은, 그곳의 천변에 밤이 오면 그녀를 만나곤 했다는 것이었다. 처음에 만났을 때, 때와 장소를 약속하지 않은 것처럼 삼일간의 그녀와의 만남은 천변에서였을 뿐이었다. 그믐쯤이어서 얼굴을 보려고 해도 보이지 않았겠지만 굳이 보려고도 하지 않았다. 나흘째, 그녀와 나는 아무 일 없었던 것처럼 각자의 일상으로 돌아갔다. 과연 얼굴 없는 만남이 사흘 밤씩이나 가능한 일이었을까? 그걸 풀어내지도 못하고 내 글은 온전히 끝날 수 있었을까? 40년이 지난 후 나는 다시 그 천변을 걸어보았다. 여자는 고양이를 닮아서 장소에 애착을 가진다는 생각을 하면서. 아마도 내 유치한 글은 그렇게 끝났을 것으로 짐작된다.

　　나를 '회유'라는 글제로 단편소설작가 반열에 딱지를 붙여주신 선생님에게 감히 그걸 작품이라고 보냈을 때, 자네 지금이 어느 땐가? 이조시대

춘향가 타령이냐고 호통을 치고는 전화통을 던져버리는 것 같았다. 싸다, 싸! 하라는 공부는 소홀히 하고는 글 쓴답시고 매양 보따리 짊어지고 산천 경계 유람이나 했으니!

　내가 하기 싫어하는 운동은 뭐니 뭐니 해도 걷고 달리는 것이다. 비지땀을 흘려야하고, 무진 견뎌내야 하고 그리고 시간이 무작정 소비되는 것 같고. 그게 뭐 70대의 건강을 지키기 위한 최선의 방책이라고? 아니 야구장의 환호성만 들어도 피가 거꾸로 돌아가는 판국인데. 티브이만 켜도 몸이 훌쩍 날아오르는 프로그램이 수두룩한데. 뒷짐을 지고 관전을 하기만 해도 손바닥에 땀이 쭉 빠지는데. 만보기를 들여다보면서 하루에 만보를 걸어야 장수를 할 수 있다니. 만보라면 7km, 약 20리 씩을 매일 걸어야 하는 거리이다. 과연 누가 꾸준히 그 짓을 해내랴! 게다가 걷는 코스가 판에 박힌 듯 정해진 것이어서 신물이 나고 지겹다. 그렇다고 경치 좋은 코스를 계속 바꾸기란 불가능한 일이 아닌가. 망설이지 말고 따질 것 없이 걷어치우면 만사형통이다. 이따금 몸이 찌뿌듯하면 스트레칭 좀 하고 기지개켜면 될 것을.

　언젠가 친구들이 등산을 한다기에 산 이름도 좋고, 올레길, 둘레길이 일품이라기에 동행을 결심한 적이 있었다. 길목에 서서 산행을 하는 사람들을 유심히 지켜보았다. 여자와 남자의 비율이 7:3 정도나 됐을까. 이제 등산도 여성전용 시대로 가고 있구나하는 생각이 들었다. 그렇지 않아도 여성이 남성보다 장수한다는 데이터가 쏟아져 나오는데, 장수비결이라는 등산마저 여자가 압도적이니 평균수명의 간극은 훨씬 더 벌어지겠구나싶다.

운동 중에는 남성 중심적인 종목이 많았다. 조기축구니, 레슬링이니, 격투기니 주로 과격한 몸놀림으로 엄청난 에너지를 소비하는 것들이 그것이다. 그런데 지금은 내세울 게 없어졌다. 얼마 전만해도 거의 남성 독점이랄 수 있었던 종목들이 여성들이 파고들어 기록을 갱신하고 세계를 제패했다는 사실은 남성들을 한없이 위축시킨다. 그것만이 아닌 것 같다. 나이가 들수록 남성들의 운동량은 현저히 줄어드는 경향성을 띠는 것 같다. 남성들이 젊었을 때의 과격한 운동에서 벗어나면 별로 뛰어들 운동종목이 없는 것 같다는 말이다. 젊었을 때 하던 운동이라 하여 나이가 들어서도 계속하던 친구들이 체력의 한계를 극복하지 못하고 60대 전 후반에 유명을 달리한 경우도 종종 목격하게 된다.

특히 남성은 여성들과는 달리 나이가 들수록 단체운동에서 거리가 멀어지는 것 같다. 이럴 때 아내와 함께 하는 운동이 가장 어울리고 적당할 것 같다는 생각이 든다. 그런데 아내가 잘 끼워주질 않는다. 아내의 절뚝거리는 행보를 받아들이지 못하고, 길어진 수다를 소화시킬 능력을 갖추지 못한 남편과는 아무래도 거리가 먼 것 같다. 유유상종이라는 용어가 여기서도 잘 적용되는 것 같다. 곱게 늙으신 여자분들 끼리끼리.

혹간 할아버지가 홀로 뒤뚱거리며 걷는 모습을 보면 그건 도무지 운동이랄 수 없다. 그들의 표정에서 웃음은 벌써 사라졌다. 세상의 모든 아픔을 그만이 다 걸머진 것처럼. 함께 대화를 나눌 옆 사람도 없다. 마냥 혼자서 그렇게 뒤뚱거리며 걷는 것이다. 그러다 며칠째 운동에 빠지면, 아! 그분 며칠 전에 돌아가셨어요! 라는 말을 듣게 된다. 대부분의 그런 남성들이 남성

평균수명을 올려줄 턱이 없다. 일흔을 넘긴 나의 사정이 그들과 다를 바 없다는 게 그저 유감스러울 뿐이다.

아내는 무릎관절통증 때문에 다리를 절뚝거리면서도 결코 웃음을 잃지 않고 있다. 마치 웃음전도사나 되는 것처럼 길거리에 웃음을 마구 뿌리고 다닌다. 전화를 걸때도 그놈의 웃음은 가시지 않는다. 상대방이 웃음을 유도하는 것이 아니라 스스로 웃음을 만들고 있다고 보는 게 타당할 것 같다. 둘이 모여도 웃고, 셋이 모이면 웃음은 더욱 커진다. 어쩌다 계라도 모으면 웃음은 웃음을 넘어 주체할 수 없는 난장판이 되어버린다. 요실금이 아니라도 오줌을 지릴 정도로.

나는 최근 들어 아침운동이 기다려진다. 만학도인 아내를 버스까지 태워다주고 나면 아침 8시부터 나의 걷기운동이 시작된다. 잘 조성된 송림 길 1km와 길섶 운동보조기구를 대하다보면 30분가량의 시간이 흐른다. 30분쯤이면 나에겐 적절한 운동량일거라는 생각이 든다. 그런데 자주 그 시간은 40분에서 50분으로 연장되기도 한다. 같은 시간대에 아름다운 여자가 멋진 포즈로 송림 길을 우아하게 장식하기 때문이다. 운동으로 단련된 몸매며 그 누구도 따를 수 없는 속보가 그녀를 더욱 돋보이게 한다. 그런 모습에 넋을 뺏길 나이는 아니지만, 아름다운 한 폭의 선녀도를 매일 아침 홀로 감상할 수 있다는 것은 진한 감동이 아닐 수 없다. 그녀는 어느 날 느닷없이 나타나 몇 달째 지속적으로 걷고 있다. 6월의 지루한 장마 때에도 거르지 않고 걷고 있다. 나는 몇 달이 지나도록 그녀에게 인사를 건네지 못했다. 그녀의 위엄이 그렇게 하게 했다. 그녀는 탈레반처럼 얼굴 전면을 감싸는 마스크를 하고 있어 신비스럽기까지 하다. 나는 그녀의 신비를 깨뜨릴 수 없다.

이제 나는 아침을 여는 시간이 즐겁다. 그리고 그녀를 지켜보며 하는 아침운동이 즐겁기만 하다. 잔잔한 감동이 잃어버린 웃음을 되찾게 할 수는 없을지라도, 흐릿한 나의 눈에 무한한 감성을 실어다주는 그녀에게 고마움을 표시하게 된다. 언제부턴가 그녀의 도도하고 천사 같은 그 자태를 잃지 않고 뵈면 좋겠다는 염원을 하게 된다.

2

요즘은 마스크를 쓴 여성들을 자주 보게 된다.

내가 사는 작은 도시에도 마스크 열풍이 불어 닥친 것 같다. 특히 걷기운동을 하는 시간대에 마스크 행렬은 길게 늘어선다. 나는 비교적 여행을 즐겨하는 편인데 어느 시골이나 도시보다 내가 살고 있는 이곳에서만큼 이처럼 많은 마스크가 등장하리라고는 상상조차 못했다.

마스크의 용도가 도대체 무엇일까? 황사를 예방하고, 사스에서 격리되고, 구제역에서 해방되고, 자외선을 차단하는 게 목적이라면 그런 이유로 극성을 떠는 것은 이해가 가질 않는다. 황사는 우리나라를 통틀어서도 이 지역이 중국에서 가장 멀리 떨어져 있고, 여기선 사스에 걸려 희생된 사람도 없고 구제역은 발을 붙이지 못해 오히려 피신해버리지 않았던가. 그럼에도 불구하고 산자수려한 한국의 알프스로 불리는 이 도시와는 도무지 거리가 먼 예방의학용 마스크가 날개 돋친 듯 팔리고 있다니. 이건 분명 소도시라는 맹점에 얄팍한 상혼이 작용했을 터라고 밖에 생각할 수 없다.

작년 이맘때였다. 해괴한 뜬소문이 이 지역을 강타한 적이 있었다. 다름이 아니라, 기저귀를 찬 어린아이가 볼을 갖고 놀았는데 어쩌다 그 볼이 돼지우리 안으로 들어갔다는 것이었다. 볼을 주우려고 아이가 우리 안으로 들어갔을 때 그만 돼지가 그 아이를 잡아먹어버렸다는 것이었다. 그 예기를 들은 많은 사람들은 어찌 그리 황당한 일이 일어날 수 있었을까 하고 개탄했다는 것이었다.

이러다가 어떤 별스런 변괴가 또 일어날지 모르겠네!

참으로 말세라드니 돼지까지 사람을 넘봐!

그래서 그 식인돼지는 어쨌데?

그런데 그 입소문은 일주일이 채 못돼 감쪽같이 사라졌다. 누군가가 뻥을 쳤다는 후문이었다.

아무리 그래도 그렇지 돼지가 사람을 잡아먹다니 말이 되는 소리를 해야지!

그래도 사실이 아니라니까 마음이 다 놓이네!

아무튼 말세야! 세상이 이다지도 흉흉해서야!

나는 경찰서 정보과장을 지냈던 친구에게 사실규명을 해달라고 전화를 냈다. 그는 덤덤하게 말했다.

그건 선거처럼 상대방을 비방하는 것과 같은 맥락이지. 우리지역은 이틀이면 소문이 쫙 퍼지게 된다고. 루머가 악성일수록 거품은 빠른 시일 내 수면 아래로 가라앉고. 뭐 그런 거야.

상식으로도 의미 없는 그런 말을 왜 사람들은 믿으며 상하수직마구잡이로 퍼뜨리느냐고?

사람이 패닉에 빠지면 어쩔 수 없는 모양이야. 동반자살클럽이 생기질 않나! 술이 취해 익사한 사람의 심리라는 게 별것 아니더라고. 수심이 무르팍 정돈데 기어 나오면 될 걸 잘난 수영하다 빠져 죽질 않나! 빠져죽은 시신을 끌어당기면 줄줄이 알사탕으로 엮어져 나오질 않나. 창경호사건 때 가마니 한 장 깔고 가마니 한 장 덮은 시신이 줄줄이 죽강에 널려있었던 게 그 증거일세. 함께라면 천당인들 만당인들 마다할까!

마스크는 우리의 탈과 같은 개념으로 보아야 할 것 같다. 서양의 가면 역시 마스크와 싸잡아 볼 수 있을 것 같기도 하고. 이런 것들은 얼굴을 감추거나 꾸미기 위해 나무나 종이, 흙 같은 것으로 만들어졌을 것이다. 병균이나 먼지 따위를 막기 위하여 입과 코를 가리는 일차적인 목적 외에도, 속뜻을 감추고 겉으로 거짓을 꾸미는 의뭉스러운 모습으로 나타나기도 할 것이다. 마스크는 가운이나 토시, 두건, 터번과도 연결 지어 볼 수 있을 것으로 생각된다. 해병대 버프를 마스크, 두건, 터번, 암 밴드 등으로 나누는 것으로 미루어보면 이게 작란이 아니라는 게 증명된다. 버프 마스크에만도 588개의 상품이 개발되어 있다는 사실 앞에 나는 주눅 들고 만다.

나에게 닦아선 미모의 여자는 방진 마스크와 패션 마스크를 앙상블로 착용하고 있음이 명백하다. 챙이 긴 모자와 노란색 줄무늬 머플러 그리고 흰색 면장갑이 세트를 이루고 있다. 스판덱스 식 얼룩무늬 바지와 등산용에 가까운 날렵한 재킷은 그녀의 S라인 몸매를 돋보이게 하고도 남음이 있다.

경보대회에 출전한 선수처럼 사뿐히 바람을 가르는 그녀의 우아한 자태는 말로서는 설명할 수 없다. 스칼렛 오하라 역의 가녀린 비비안 리가 머리를 스친다. 나는 오늘밤 그녀를 까만 망토를 걸친 스카라무슈의 연회석에 초대하고 싶다. 아니면, 대학가 관창의 가면 검무에 그녀를 올리고 싶다. 왜냐고 묻는다면, 나는 분명히 대답해줄 거다. 그녀는 버프 마스크 589번째를 무난히 소화시키고 있으니까, 라고.

그녀의 머리 위로 그넷줄이 탄력을 받아 강을 거슬러 올라 붉은 석양 속으로 파고든다. 그녀는 탈레반 같은 마스크를 끼고 석양을 향해 달려간다. 우륵의 가야금소리가 뒤질세라 휘모리장단으로 그녀의 뒤를 따른다.

우물

"나는 이 글을 김홍곤 교수님께 바치고 싶다."

‘바치고 싶다.’ 대신에 ‘바친다.’로 바꿔 쓰지 못하는 것은 내 필력이 부족하기 때문이다. 대학교 1학년 때부터 긁적이던 글이 도무지 진전이 없어 교수님을 행여 실망시켜드리고 싶지 않으려함이 솔직한 나의 입장이다.

1

‘우물’*은 1950년대 후반 김홍곤 교수님이 전국희곡공모전에서 영예의 최우수상을 수상한 작품이었다. 한강 이남에선 셰익스피어 강의에 독보적인 존재라고 정평이 나셨던 교수님께서 어찌 많은 제자들과 실력을 겨루실 엽을 내시었는지 아직껏 진의를 깨우칠 수 없다. 최우수작에 70만원이

---

* 김홍곤 교수의 ‘우물’은 2012년 4월, 포항시립극단에 의해 공연되어 최다관객을 유치했다.

108

라는 사상 최고액의 고료가 걸렸던 만큼 천재성을 지닌 수많은 희곡작가지
망생들이 몰려들었을 것이었다. 교수님은 대학교수라는 상징적인 너울을
걸고 명실상부한 희곡작가임을 공공연히 인정받고 싶었을 것이라 여겨진
다.

2

　　그 무렵 나는 술을 배우지 못했기에 사실상 교수님을 가까이서 모시기
는 어려운 처지였다. 그만큼 교수님께서는 애주가셨다. 거나하게 취한 교수
님의 입으로 토해내는 독설은 듣는 사람의 간담을 서늘하게 하고도 남음이
있었다. 상식을 뛰어넘는 해학과 풍자로 인해 교수라는 신분마저 흔들린 적
이 한두 번이 아니었음을 나는 익히 알고 있었다. 불의와 타협하지 않으면
서 스스로에게는 늘 자학하시는 것은 교수님만이 관조하는 비뚤어진 세상
과의 불협화음임을 나는 뒤늦게나마 깨달았다. 빙글빙글 돌아가는 네온사
인처럼 화려하게 포장되어 어지럽게 돌아가는 현상들이 아니꼽고 매스꺼워
서 쓰레기 같은 시가지한복판에 오줌 세례를 퍼붓던 배짱!
　　그러나 교수님이 수업하시는 모습은 언제나 진지했다. 어쩌면 수업을
듣는 학생처럼 차분하기조차 했다. 데스데모나가 남편인 오셀로를 위하여
그녀의 영혼과 운명을 헌납했기에, 죽음에 직면했을 때조차 사랑과 미움이
양분되지 아니하는 장면에서 교수님의 열강은 극치에 이르렀다. 교수님의
데스데모나는 교수님 자신의 아내의 분신으로 자리매김하는 것처럼 느껴졌

다. 교수님의 아내에 대한 사랑과 연애는 공개적이었다. 마치 무대 위에 오른 희곡처럼 널리 알려져 유명세를 탔었다.

교수님의 강의를 청취하는 타과의 어느 여학생이 데스데모나를 데스데모니아라고 발음을 살짝 예쁘게 돌린 적이 있었다. 고의든 실수든, 실수였을 그 일로 인해 그날부로 그 여학생의 별명은 데스데모니아로 불렸다. 발음을 교정해주는 대신 예쁜 별명을 붙여준 교수님의 위트는 교수님에 대한 잊지 못할 기억으로 남아있다.

3

그 시절 교수님은 오셀로 강의에 심혈을 기우리시는 것 같았다. 평소와는 달리 아내에 대한 이야기도 곧잘 하셨다. 대학시절 거의 매 시험마다 교수님은 지우개에다 모범답안을 정리해 넘겨주곤 했단다. 그건 교수님의 일방적인 선언이긴 했지만. 그게 인연이 되어 지순지고의 데스데모나 같은 아내를 맞이하게 되었단다. 기다랗고 윤이 나는 머리카락을 한 부인은 교수님께 데스데모나 같은 정성을 쏟았던 것으로 널리 알려져 있었다.

언제나 앞서가는 교수님의 괴짜 삶이 오래도록 지속될 수는 없는 것이었다. 직장에서 밀려나고, 다시는 직장으로 돌아갈 수 없는 악순환 속에서도 사모님의 희생과 헌신은 마를 날이 없었다. 가뭄에 마르지 않는 우물물 그 자체였을 것이었다. 교수님이 짧은 삶을 거두시기까지, 그리고 사후까지 사모님의 일거수일투족은 교수님으로 인해 더욱 빛나 보였던 것이었다.

오셸로 강의에 푹 빠져있었던 나에게 사랑이 피어나기 시작했다. 데스데모니아에 대한 나의 사랑은 교수님의 오셸로 강의만큼이나 열렬한 것이었다. 나는 데스데모나가 나에게 던져주는 이미지를 노트에 옮겨 적고 있었다. 그렇게 열거된 상황과 언어들을 그녀를 위하여 발췌하는 것이 나의 일과가 되었다. 열거된 언어들이 그녀에게 전달될 기회는 오지 않았다. 용기가 없어서 그랬을 것일 수도 있었다. 나는 그녀를 위해 그녀에게 바쳐질 나의 마음을 책갈피처럼 책 속에 묻어두고 있었다. 어쩌면 전해지지 않을지도 모를 일이었다. 그럼에도 불구하고 나는 그녀에게 보낼 두 번째 글을 끝내기 위해 무진 애쓰고 있었다.

오셸로 강의가 막바지에 이르렀을 즈음, 교수님은 여느 때처럼 강의실을 한 바퀴 돌기 시작하셨다. 교수님이 강의실을 도시는 이유는 간단했다. 자기의 강의내용을 누가 책 속에 빼곡히 섰는지를 확인하려는 것이었다. 교수님은 빽빽하게 써넣은 학생들의 책들은 모조리 압수하셨다. 그리고 그런 학생들에게는 혹독하리만큼 낮은 점수를 주었다.

드디어 교수님은 내 앞에 서셨다. 교수님이 나에게서 회수하신 것은 그동안 발신하지 못하고 책갈피처럼 끼워두었던 문제의 '데스데모니아에게'라는 편지였다.

"데스데모니아! 이 편지 자네에게 온 걸세. 받게나."

교수님은 나를 대신하여 데스데모니아에게 편지를 배달해주셨다. 나의 망신살에 대하여는 전혀 배려해주시지 않은 처사였다. 앞으로 감당하기 어려운 나에 대한 억척이 난무할 지경이었지만 그날부로 종강이 된 것은 그나마 다행한 일이 아닐 수 없었다.

5

진급사정이 보류된 학생들의 명단이 게시판에 올라 있었다. 끝머리쯤에 나의 이름도 끼어 있는 것을 확인할 수 있었다. 문법이 45점으로 과락이었고, 희곡은 아예 칸이 비어 있었다. 문법은 재시험을 치르기로 교수님과 시간조절을 해둔 상태였지만 희곡은 나의 주 종목인데 무언가가 잘못되었다고 학과 사무실에 항의를 했다. 사무실에서는 개인점수를 확인해줄 것을 요구했다. 종강선언을 하시던 그날 교수님은 충청도 어느 사찰에 연구를 하러 가신다고 한 말씀이 언뜻 떠올랐다. 부랴부랴 교수님의 사택에 도착하니 짐을 꾸려 나서시는 중이었다.

"아니, 박 군이 어째……"

교수님은 힐끔 나를 바라보시면서 의아하게 말했다.

"교수님의 희곡 성적이 누락되어 진급사정에서 빠지게 되어서요."

"가만, 종이쪽지 가진 것 있으면 펼쳐 봐."

나는 잠시 머뭇거리다가 데스데모니아에게 두 번째로 보내기로 작정한 편지지를 담은 봉투를 호주머니에서 꺼내 놓았다. 교수님의 달필이 파카만년필을 따라 편지봉투에 졸졸 흘러내렸다.

내 이름과 희곡명 오셀로를 쓰시고 A학점이라고 적어셨다. 그리고 흘림체로 김이라는 사인을 하셨다.

"이 편지는 자네가 직접 전하게, 박 군!"

교수님은 나의 데스데모니아에 대한 절절한 감정을 느끼시고 있었다.

6

두 달 반 동안의 여름방학이 지나갔다. 나는 개학을 앞두고 잊고 있었던 악몽이 재연될 생각에 빠져있었다. 한동안 내가 저지른 일에 대한 무거운 책임의식을 느껴야할 것 같았다. 그랬는데 막상 개학을 하고보니 사정은 딴판이었다. 급우들은 그새 모든 걸 잊고 있었고 나에 대해 관대하게 대해주는 것 같았다. 어쩌면 프라이버시 문제는 확실히 금을 긋고 있는 듯했다. 이래저래 혼돈스러웠던 일들은 잘 수습되어 갔다. 그러나 그럴수록 더욱 마음을 아리게 하는 것은 데스데모니아의 나에 대한 반응이었다. 데스데모니아는 오셀로 강의가 끝난 2학기에는 우리 과 강의실에 모습을 드러내지 않았다. 물론 교수님의 강의도 맥베스로 바뀌어 있었다.

데스데모니아를 찾아 수학과 강의실을 기웃거릴 수는 없는 노릇이었다. 지난 학기에 엎질렀던 물을 다시 담는다는 것은 나의 자존심이 허락하지 않는 것이었다. 그것은 한편으로 우리 과의 자존심을 송두리째 흔드는 것과 같다고 생각했다.

두 번째 편지가 완성되었던 날, 나는 호주머니에 편지를 접어 넣고 교수님 연구실로 달려갔다. 어처구니없게도 교수님의 연구실에서 나오는 데스데모니아와 마주쳤다. 한동안 빤히 얼굴만 쳐다보았을 뿐 말이 없었다. 마침내 데스데모니아가 눈을 깜박거리다 가느다랗고 하얀 금지 손가락을 세웠다. 세 번쯤 금지손가락을 시계추처럼 까딱거렸다. 분명, 풋내기를 야유하는 것으로 받아들여졌다. 데스데모니아의 금지손가락의 뾰족한 손톱은 어느새 새빨갛게 물들여져 있었다. 미니스커트에다 굽 높은 힐을 딸각거리며 그녀는 복도를 빠져나가고 있었다.

“가련한 여인! 나는 너의 그 사악한 위장에 종지부를 찍어 주리라!”

7

‘오셀로가 데스데모나에게 그랬듯, 나는 타락한 데스데모니아의 목덜미를 조이기 시작한다. 그녀의 변명을 듣느니 차라리 이야고의 주문을 받아드리고 싶다. 데스데모니아의 새하얀 목덜미에 지문처럼 손바닥흔적이 파랗게 찍혀 있다. 나는 저주의 손바닥을 쳐다보며 오열한다. 데스데모니아를 내 손으로 죽임으로써 나와 데스데모니아와의 인연을 새로 엮어나갈 수 있기를 염원하면서.’

미르라나무가 진액을 흘리듯이 5막 2장의 막이 내린다.

나는 나의 데스데모니아에게 보내는 세 번째 편지를 나의 독백으로 채운다. 한참을 멍하게 허공을 바라본다. 여태껏 전해지지 않은 두 번째 편지를 호주머니에서 꺼낸다. 두 번째 편지와 세 번째 편지가 비극이 실려 있는

114

침대 위에서 차례로 촛불에 타오르다 재만 남긴다.

8

나는 오랜만에 모교 대학 도서관엘 들렸다.

50년만의 일이었다. 반세기를 거슬러 교수님의 '우물'을 찾으려는 게 방문의 목적이었다. 우물에 비친 데스데모나의 참 모습을 찾아야겠다는 일념에서였다. 그런데 아무리 검색을 해도 관련 자료가 뜨지 않았다. 보관의 유효기간이 지나 소각되었거나 지하창고 깊숙한 곳에 갇혀진 게 분명했다.

여기는 농촌입니다

전원생활을 동경하는 것은 나름대로 멋있어 보이기 때문일 것이다. 그러나 막상 살아가다보면 그만 훌훌 털어버리고 싶을 때가 한두 번이 아니다. 그렇게 해서 많은 분들이 농촌을 떠나버렸다. 텅 비었다 해도 과언이 아닐 정도로. 그리고 한 번 떠난 농촌엔 다시 돌아올 생각을 못하게 되는 경우가 많다. 이유야 많을 것이다. 자녀교육문제를 비롯해 문화생활, 의료혜택, 개인권리보장 같은 일련의 일들이 스스로를 얽어매게 한다.

젊은 시절 외유는 누구나 해봄직한 것이다. 한 곳에 붙박여 세월을 보내느니 두루 세상을 둘러보는 게 안목을 넓히는 데는 그만이다. 요즘은 국내를 섭렵하고 세계로 날갯짓을 하는 시대에 살고 있다. 그저께 저녁에는 우루과이 영사관에 근무한다는 제자가 느닷없이 전화를 해왔다. 이름을 대기에 잘 기억이 나지 않아 적당히 얼버무렸다. 몇 개월째 하는 객지생활이 어쩌고저쩌고 해서 전화를 냈다고 했다. 코밑에서 말하는 것처럼 또렷한 목소리여서 처음에는 옆집에 사는 백수 제잔 줄 알았을 정도이다.

그건 그렇고, 그런데 세상살이가 그리 공평하지는 않은 것처럼 느껴질 때가 있지 않은가? 음과 양이 있듯이 잘나가는 녀석이 있냐면 지지리도 오그라든 녀석도 있게 마련인가 보다. 음과 양이 뒤바뀌듯, 잘 나가든 녀석이 축 쳐지고 신진세력이 급부상하기도 한다. 그럴 때면 나의 인사말도 바뀌어 버리게 된다. A군에게 해줬던 말을 B군에게, B군에게 했던 말을 A군에게로. 그러다보면 또 바뀔 때도 온다. 이러다보면 세상살이가 다들 불공평한 것만은 아니라는 생각이 들긴 하지만 사람의 한살이가 새옹지마라 하지 않던가.

내게는 유독 사촌과 오촌이 많다.

할아버지께선 자그마치 5남 3녀를 두셨는데 다행히 중도에 잃은 자식도 없었다. 자식 키우시는 데는 일가견이 있었나 보다. 그 자녀들이 각자 5-6명씩의 자녀를 두다보니 사촌은 수를 셀 수 없을 정도로 성공적으로 종족번식을 해버리고 말았다. 사실 이름도 얼굴도 다 기억하지 못한다. 오촌에 이르면 기하급수적으로 불어난 인구에 아연실색할 따름이다. 페니실린이 발견되고 경제가 나아지면서 낳은 수만큼 실패 없이 잘 자라고 있기 때문일 것이다. 팔촌까지는 한 울타리에 살았다는 얘기가 전설이 되어 버린 것 같다. 우리 가계의 팔촌이라면 큰 고을을 차지할 테니까 말이다.

그런데 지금 내가 살아가고 있는 농촌에는 아무리 따져도 팔촌 안에 드는 가족을 찾기가 쉽지 않다. 다들 어디서 생계를 이어가는지 가늠조차 안 된다. 농촌 이곳저곳 흩어져 살면서 그나마 안부 정도 묻고 지내던 가족들은 노령으로 자꾸 세상을 등진다. 간혹 문중의 제에 나가면 아무개가 타계했고, 아무개는 오늘내일 하고, 그런 예기가 주를 이룬다. 이러다간 몇 년이 지나지 않아 살아남을 일가도 없을 것 같다.

이따금 소식을 듣는 사촌이 한 분 있다. 소식이야 명절제사에 참석하시는 삼촌으로부터 듣지만 나보다 나이가 작은 삼촌이나 삼촌의 맏이인 사촌은 서로 다른 도시에 거주하고 있다. 사촌은 결혼 초기에 그냥 남에게서 꾸지 않을 정도의 생활을 꾸려나간다고 했었다. 그런데 최근 들어서는 경기가 좋지 않아 생계를 위협받고 있다는 소문을 들었다. 한 가지 일에 매달려 있다 그 일이 거들나면 참으로 난감해질 수밖에 없을 것 같다는 생각이 들었다. 배운 기술이라곤 그것뿐인데 그걸 못하게 되었으니 이 일을 어떻게 감당해야 할지 막막한 일이 아닐 수 없었다. 식구들이 쪽박이라도 차고 빌어먹을 각오가 되어 있다면 모를 일이지만 사촌은 자꾸만 아버지에게 굶어 죽을 지경이니 제발 도와달라고 애걸하는 것 같았다. 넉넉잖은 삼촌이 쉽게 제안을 받아주지 않으니까 이번에는 새끼들 다 굶겨죽이겠다고 숙모가 나서는 모양이다.

숙모 왈, 우리는 살만큼 살았으니 새끼들 저리도 목을 매니 어쩌겠소? 집 따까리라도 팔아서 도와줍시다.

삼촌 왈, 조선 망하고 대국 망하는 꼴 보려고 그러시오.

삼촌과 숙모의 이견이 반복되면서 두 분의 금술은 금이 가기 시작한 모양이다. 드디어 두 분은 소 닭 쳐다보듯 무심해져버리고 말았다. 해결된 거 하나도 없이 가족 간에는 깊은 골만 패이게 되었다. 가난은 나라도 구할 수 없다는 말이 실감난다.

삼촌이 할아버지 기일에 오셨을 때 사촌의 귀농을 적극적으로 밀어붙이라고 말씀드렸다. 농촌도 사람 사는 곳이니 최소한 굶어죽는 경우는 없을 거라고, 그런 이유라면 식솔들을 잘 건사할 수 있는 곳은 역시 농촌이 으뜸이라고 했다. 빈집도 많고 빌려 쓸 수 있는 농토도 널려 있고 아직은 살아있는 인심도 넘치고 있으니 말이다.

이미 그런 얘기가 오갔으나 이번에는 며느리가 극명하게 반대의 깃발을 쳐들었다고 한다. 굶어죽는 한이 있어도 귀농만큼은 않겠다고. 그녀도 농촌출신이어서 뼈 빠지게 일한 경력이 있는지는 모르겠지만 아직은 굶어죽지 않을 만큼 연명을 하는지는 모를 일이다.

사촌은 사방팔방 일자리를 찾아 다녔지만 아무리 설쳐대도 식구들을 먹여 살릴 만큼의 벌이는 안 됐던 것 같았다. 하루 발품을 파는 막노동판을 기웃거리기도 했을 것이다. 그러나 사십대 늙은이 몫으로 돌아올 일은 없었던 것 같다. 그 후로 사촌은 소식이 끊겨버렸다. 고의로 잠적했을 가능성이 크다. 그게 떳떳한 가장의 선택이어야 했을까? 그런 처지에 이르지 못한 사람이 어찌 사촌의 심정을 이해할 수 있을까.

사라진 사촌에게 하고 싶은 말이 있다.

우선 힘내라고 하고 싶다. 보람 없이 세상을 한탄하면서 세월을 흘려보내지 말라고도 하고 싶다. 그리고 아직까지는 윤리관이 살아 있고 도덕이 지켜지는 농촌에서부터 새 삶을 시작하라고 말하고 싶다. 세상을 비관하고 있을 만큼 한적하게 시간을 죽이지 말고, 뼈 빠지게 일하다 지쳐 쓰러질 만

큼만 일하라고도 하고 싶다. 그리고 잠이 들면 또 내일의 태양은 떠오른다
고, 농사짓는 일에는 생각이 여러 갈래로 나뉘면 실농을 하게 된다고도 말
하고 싶다. 사촌은 원래 농촌 출신이고 누구보다 농촌을 사랑하는 분이었
다. 아버지를 도와 농사짓던 경험을 토대로 본래대로 돌아가야 한다고 일러
주고 싶다. 새로운 것에 대한 개척이 아니라 익숙해 있던 일로 돌아가는 것
뿐이라고 강조해주고도 싶다.

여기는 농촌이다.

인구 10만 명 중 100억 이상을 소유한 사람이 100명이 넘는다. 그들은
대부분 농촌을 배경으로 살아가는 사람들이다. 그다지 알려지지도 않은 사
람들이다. 농촌에서는 한 톨의 씨앗을 정성껏 가꾸면 가꾼 만큼의 소득을
안겨준다. 정성에 따라서는 한 톨을 심어 한 톨을 거둘 수도 있고 한 톨을
심어 수백 톨을 수확할 수도 있다. 그런 게 농촌이다. 이제 농촌은 농작물
재배에 만족하지 않는다. 대부분의 농업계 고등학교가 농생명과학고등학교
로 거듭나고 있다. 그들이 창출해내는 수익은 웬만한 도시의 수익을 방불케
한다.

지상을 통해보면 농촌 1가구당 부채가 몇 천만 원이고 정부의 지원 없
이는 무너져 내릴 것처럼 대서특필하고 있다. 기사를 쓰는 분들은 뭔가 쇼
킹한 것을 끄집어내는 장기를 가진 분들이다. 틀린 말이 아닐지 모르지만
파고들면 꼭 맞는 말도 아니다. 그들은 한 톨에서 한 톨이 생산되는 것만
보아온 사람일 수도 있다. 곧 농촌이 몰락할 것처럼 부추겼다면 이제는 그

들의 생각을 바꾸어야 할 시점에 이르렀다고 본다. 잘 되어가고 잘 된 모습을 조명하면 어디 덧이라도 나는 것일까? 우리의 농촌은 상상 외로 건전하다고 본다. 그리고 건전하게 살려고 노력하는 사람들의 집단이다.

내가 살고 있는 농촌은 비닐하우스로 청양고추를 재배하는 곳이다. 여기는 1농가 수익이 전국 1위를 한 곳이기도 하다. 그렇다고 다 부자는 아니다. 남들처럼 청양고추농사를 지으면서도 정부지원을 받는 어려운 가정도 있다. 건강하고 튼튼한 조건을 갖추지 못한 가정은 어디서나 있게 마련이다. 그게 도시의 가정이었다면 야간도주를 했든지 일가족 투신자살을 기도했을지도 모를 일이다. 그러나 여기서는 사정이 다르다. 부자로 살아가지 못할지언정 쪽박을 차도록 내버려두지도, 굶어죽도록 팽개치지도 않는다. 이럴 때 우리는 상부상조하는 농촌의 인심을 느낄 수 있게 된다.

여기는 희망이 움트는 농촌이다.

이곳 인구 10만 명을 먹여 살리는 진원지가 농촌으로부터 비롯되기 때문이다.

발코니가 있는 다리

구름이 잔뜩 낀 어느 여름날 오후, 간간이 햇살이 구름을 뚫고 땅으로 떨어진다. 섬광은 두꺼운 구름이 있어 성스럽기까지 하다. 무지개가 여리게 피다 사라지곤 한다. 나는 다리 위에 서서 지는 해와 섬광과 무지개를 번갈아 바라보고 있다.

양팔 간격으로 자주색 팬지꽃다발이 다리의 난간을 붙들고 다리 끝까지 길게 매달려 있다. 꽃의 향기는 없다. 시각을 부드럽게 해주는 효과는 있는 듯하다. 물고기 비늘무늬의 펜스는 신의 음식인 초콜릿 칠을 하고 있다. 그게 자주색 팬지꽃다발과 잘 어울리는지 나는 모른다. 촌스럽다는 생각이 살짝 스친다. 내 생각이 촌스런 것인지도 모른다.

다리 중간쯤에는 특이하게 발코니가 있다. 발코니는 다리의 덤이라는 생각이 든다. 늘어진 십리라는 표현이 십리하고도 덤이 덧붙은 것처럼. 덤에 서게 되면 나는 자유스러워지고 여유가 있는 삶을 사는 느낌을 받는다.

예부터 발코니에서는 '사랑의 세레나데'가 들려왔다.

‘사랑의 노래 들려온다. 기쁜 우리 젊은 날.’

눈을 감으면 낭만에 젖게 되고 다시 젊어지는 착각에 빠지게 된다.

바쁘게 부딪치며 뛰어다녀야 하는 인도와는 달리 둥그렇게 삐죽이 튀어나온 발코니는 나의 거친 호흡을 정화시켜주는 공간이 된다. 으레 쉬었다 갈 쉼터를 그냥 무심코 지나치는 사람들에게 나는 그저 고마울 따름이다. 수많은 사람들이 발코니를 점유하겠다고 필사적으로 달려드는 것과는 달리, 다리 위의 발코니는 찾기만 하면 홀로 그곳에 있어 좋다.

오늘처럼 잔뜩 흐린 날 오후 발코니에 서면 먼지를 함빡 빨아드린 대지가 푸르게 새 옷 단장을 하고 선명하게 열린다.

운문호와 밀양댐의 담수가 합수하는 지점에 아치형다리가 놓이고 다리 위 한가운데에 발코니를 만들어둔다. 발코니에서 바라보면, 장마철 강물은 강의 보를 넘쳐흐르고 강폭을 넓힌다. 강물은 보에 가로막혀 굴절되고 때로는 비명을 지른다. 그 소리는 태초에 없었던 것이다. 인위적으로 둘에 갇히고 보에 둘러싸여 지르는 아픔의 소리다. 아픔의 소리가 클수록 사람들은 장관을 이룬다고 감탄을 한다.

1960년 음력 팔월 십오일 추석날 자정, 분노의 강은 삽시간에 삼각주를 삼켜버렸다. 사백여명의 생명이 일시에 급류에 씻겨 내려갔다. 지금 그 자리에는 고층 아파트가 들어서 있다. 반세기전 조상들이 떠내려간 생채기는 벌써 훌훌 털어낸 듯하다. 하지만 자꾸만 좁혀져가는 강폭과 얕아져가는 물길이 또 다른 재앙으로 치달을 가능성은 상존해 있는 것 같아 가슴을 조이게 한다. 수위조절과 식수공급을 위해 상류에 댐을 새로 축조했다고는 하나 안쓰러운 마음은 가시지 않는다.

어둠이 깃들면서 피어오르던 물보라가 강 전체를 뒤덮고 몇 그루 키 큰 벚나무 꼭대기만 안개 바깥에서 아른거린다. 짙은 안개는 물보라처럼 느껴지고 제방과 나무들은 물속에 잠겨버린 것 같다. 해질녘 동쪽 산허리에 감겨 있던 무지개는 이제 뜨지 않는다. 높다란 아파트 건물만 유령의 집처럼 을씨년스럽게 바라다 보인다. 밤의 풍경이 멋들어지리라 생각했던 것 보다 도무지 흥취를 돋워주지 않는다. 먼 산에서는 비가 묻어오고 있다. 안개비처럼 내리던 이슬비가 제법 굵은 물방울로 변한다. 얇은 점프가 비를 빨아들이더니 살갗으로 스며들게 한다. 나는 더 이상 발코니에 서 있을 이유가 없어진다. 빗물을 머금은 팬지꽃다발을 스르르 손바닥으로 훑으며 아무 일 없었던 것처럼 다리를 벗어난다.

다리 밑은 비를 피하기에 안성맞춤이다. 다릿발이 원근법에 맞게 줄을 서있고 다리 가운데쯤에 발코니가 거무스레하게 자리 잡고 있다. 가로등이 강변 양쪽으로 길게 늘어서 있지만 발코니의 그림자를 제대로 붙들어 매지 못한다. 발코니의 그림자는 매양 급류에 씻겨 떠내려가고 있다.

그저께부터 내가 찾고 있는 왜가리는 오늘도 보이지 않는다. 지난겨울 용케도 매서운 추위를 견뎌내고 봄의 축제에 합류했던 녀석이었는데. 나는 발코니를 감돌아 세차게 흘러내리는 물 위로 행여 왜가리가 춤추듯 거슬러 오르고 있지는 않을까 눈여겨보고 있다. 발코니 아래에서 급류를 타는 왜가리의 모습을 놓칠 수 없다. 급류 속 와류에 외다리로 꿋꿋하게 서 있는 모습을. 깜깜한 다리 밑 발코니 아래 찬란하게 빛나는 그의 모습을.

양심 따라

법대로 살면 손해 보는 세상이라고들 흔히 말한다.

살다보면 그 말이 실감날 때가 많다. 그럼에도 불구하고 나는 나름대로는 법대로 살려고 하는 사람 축에 끼는 사람인 것 같다. 달리 사는 방도를 깨우치지 못했기 때문인지도 모른다. 공직사회의 순경 속에서 40년이라는 세월을 보내고 이제 막 새 세상에 뛰어든 이를테면 사회초년병이기에.

한동안은 손해 보는 세상살이에 휘둘리지 않고 그저 남 하는 대로 따라서 하려고도 했다. 그런데 그게 그렇게 쉽게 적응이 안 될 뿐 아니라 일말의 양심이라는 게 번번이 나를 가로막았다. 남 하는 대로 하다 보니 어떨 때는 괜스레 가슴이 방망이질하고 얼굴이 붉어져 참아내기 어려울 때가 많았다. 아파트생활에서 탈피해 외딴 전원주택으로 이사를 간다면 시름에서 벗어날 수 있을까 하는 생각도 했다. 하지만 사람들끼리 어울려 사는 이치에서 동떨어져 산다고 해서 나아질게 없다는 게 최종적으로 내린 결론이었다.

건널목의 빨간 신호등이 나에게는 눈에 보이는 법이다. 무시하고 마구 건너는 사람들은 적록색 색맹이다. 나는 지하도가 있다고 해서 지상횡단보도를 없애지 않는 사람들에게 매양 감사드린다. 배달오토바이의 무단횡단이 고마울 때도 있다. 복잡한 횡단도로에 사람과 오토바이가 섞여 있다면 그야말로 아수라장일 텐데. 불법이 정당화 될 수는 없겠지만 그렇게 해서라도 위험을 줄일 수 있다면 말이다. 참으로 이율배반적일 수 있지만 나는 그런 쪽으로 생각의 가닥을 잡아간다. 말하자면 이게 최근에 내가 터득한 나의 논리고 그런 방식으로 살아간다. 어차피 어렵고 복잡한 법을 다 따를 수 없기에 최소한의 양심을 갖다 바르는 것이랄까.

요즘은 명품도시가 아닌 곳이 없을 정도로 모두가 앞 다투어 명품도시로 거듭나려 하고 있다. 무엇이 명품도시의 잣대인지 모르겠지만 더러는 하품도시가 있을 것 같기도 하다는 생각이 든다. 명품도시의 기준을 나에게 묻는다면 선뜻, 깔끔한 보행인 전용도로 양편으로 키 큰 은행나무 행렬이 있는 곳이라고 대답하겠다. 백세를 훨씬 넘긴 은행나무들의 노란 잎사귀들이 저희들끼리 엉키고, 길게 이어져 있는 곳. 그 속에는 새소리도 들리고, 아기들 울음소리도 들리고, 아기엄마의 아기 달래는 소리도 들리고. 긴 등받이가 있는 나무의자에 하릴없이 기대앉은 노인들도 있고. 칠순의 청년들이 바쁘게 노인들 뒷바라지하는 모습이 도무지 어색하지가 않다. 그곳에서는 높은 하늘이 보이지 않아도 괜찮다. 괜찮은 것은 별빛도 마찬가지다. 꿈이 없어도 괜찮고 희망이 보이지 않아도 괜찮다. 그런 것들을 느낄 필요는 더더욱 없다.

　이왕에 언급하였으니 말이지만 하품도시란 어떤 형태일까? 한마디로 공사 중인 도시다. 그곳에서는 매양 뜯고 또 뜯는다. 눈만 뜨면 뜯어재낀다. 그렇게 뜯다보니 뒤처리가 제대로 될 리 만무다. 온통 누더기 판국일 수밖에. 그곳에서는 괜찮은 것이 없기에 법이 필히 있어야 한다. 아이들도 없고, 노인들은 벌써 다 사라졌다. 개천은 마르거나 노폐물로 가득하다. 뜨거운 태양을 가릴 그림자조차 없다. 서로가 물고 물리다 모두들 미친개가 되어가는 곳이다. 미친개 바이러스를 품고 있는 사람 천국이다. 그들을 구원하려고 한 집 건너 십자가가 달린 예배당이 있다. 그들은 그리로 옮겨가 죄를 사하고 또 죄를 짓는다. 사방에는 플래카드가 즐비하다. '미친개들이여! 꿈을 갖자. 희망을 버리지 말자!'

　기차역에서 차표를 사려고 줄을 서 있다 보면 꼴사납게 새치기장면을 보게 된다. 못 본 체, 모르는 체 하면 그만이다. 그러나 그게 법으로도 아닌 것 같고 양심으로도 아닌 것 같다. 그러니까 눈을 감아버리고 눈감는 일에 태연해지려고 애쓰는 것이다. 나는 별 수 없어 검지손가락 타법으로 인터넷에 접속한다. 입력하고, 두드리고, 비밀번호에, 아이디에, 창가 자리에, 경로에, 철도회원권에, 돈 빠져나가는 결제 등 첩첩산중을 헤매다 예약된 완행승차권을 빼낸다. 그래도 이렇게 하는 일이 새치기군과 승강이질하는 것보다 나을 수 있기를 바랄뿐이다. 모르는 법을 앞세우기도 그렇고, 양심에 따르지도 못하는 내가 마냥 줄어드는 느낌이다.

어느 날 내가 점심을 먹으려고 돼지국밥집엘 들린 적이 있었다. 정오시간대여서 손님이 가득 찰 것이라고 생각했다. 그런데 홀 안에는 나밖에 없었다. 이렇게 손님이 없어서야. 나만이 아니라 주인도 서로 민망한 눈치를 주고받는다. 주인은 파리를 애써 쫓아내면서 한숨을 쉬고 있다. 요즘은 경기가 안 좋은가 봐요, 마지못해 내가 한 마디 건넨다. 주인이 기다리기라도 한 듯 푸념을 펼쳐놓는다. 그는 교도소에서 풀려난 지 6개월째라고 했다. 그곳에서 푼푼이 모은 돈으로 국밥집을 차렸는데 손님이 찾지 않는단다. 하루에 다섯 그릇을 팔아보는 게 소원이란다. 그가 재소자라는 사실이 알려지면서 발길이 뚝 끊겼다는 것이다. 그가 옳다고 생각했던 일에 용맹을 부렸던 게 화근이 되었고 결국 교도소까지 가게 되었다는 것이다. 그사이 부인은 달아나버렸고, 자식들은 뿔뿔이 흩어졌고, 한 가족이 한순간에 파탄이 나버렸다고 했다. 지난날의 단단했던 사업기반은 한순간에 여지없이 무너져 내렸다는 것이었다. 그래도 호구지책은 해야겠기에 군대시절 취사병 경력을 살려 국밥집을 연 것이라고 했다. 그는 마무리 예기에서, 나더러 사람과 사람 사이에 소통이 엇갈리는 일에는 절대로 나서지 말라고 거듭거듭 강조했다.

나는 그가 '용기 있는 시민상' 수상자였음을 식당 벽에 걸어둔 액자에서 확인할 수 있었다.

그날 이후 '법대로', '양심 따라' 라는 나의 생활 패턴이 흔들리기 시작했다. 길을 묻는 이에게 무응답, 무반응이 최선책이 되었다. 대답을 하게 되면 돌아올 수 있을지도 모르는 원망을 사전에 피해갈 수 있을 것 같다고 생각했기 때문이다. 서점에 깔려있는 '부자가 되는 길'이라는 책들은 거지로 만드는 첩경이라는 것을 안 것도 그 무렵이었다. 우산꽂이에 우산을 꽂아두 었다가 하루에 두세 개씩이나 새 우산을 잃어버린 일도 있었다. 주인은 먼 저 식사를 마치고 나간 손님의 실수라고 했다. 그런데 당장 비를 피할 헌 우산조차 없으니 딱하기 그지없었다. 주인은 보상은커녕 앞서 나간 손님과 싸움을 걸어주겠다는 것이다. 주인인들 어쩌겠는가? 국밥 값이 우산 값이 니 그렇게 하는 수밖에. 다음날, 잃어버린 물건에 대하여는 주인이 책임질 수 없다는 전단이 벽면에 큼직하게 붙어 있었다. 줄을 바꿔, 그게 상법 몇 조 몇 항에 있음을 상기시켜주었다. 머리 위로 밥그릇이, 국그릇이 날아다 녀도 쏟지만 않는다면 그건 상법과 관련이 없다. 파트타임으로 일하는 그들 에게는, 직각삼각형의 두 변의 합이 한 변보다 길다는 원리만 적용하면 되 는 것이니까. 그러니까 그럴 경우에는 차라리 눈을 감아버리면 만사형통이 되는 세상이다. 참으로 세상에는 눈감을 일이 너무도 많은 것 같다.

간밤에 설쳤던 잠 때문에 나는 비몽사몽간에 기차에 올랐다. 세 정거장 에서 내려야 하는 단거리 여행이었다. 자기만 하면 어김없이 몇 정거장은 더 지나칠 것 같았다. 어쩌면 이 열차의 종착역까지 갈 수도 있었다. 기차만 큼 잠자기에 안락한 곳이 또 어디에 있겠는가? 실컷 자고나서 기지개 쫙 한 번 켜는 맛이라니! 그런데 하차하는 곳이 엉뚱하다면 낭패가 아닐 수 없었 다. 늙으면 잠도 없다는데 요새 늙은이 하고는. 쑥스럽고, 황당하고, 뭔가 느슨하게 빠진 것 같고, 아무래도 설명이 잘 안 되는 지경이 되고 말 것 같 았다.

　나의 오랜 친구 한 분은 원체 잠이 많은 분이었다. 시외버스로 출퇴근을 하는 그분은 사흘이 멀다 하고 지각을 하거나 출근포기를 해야 했다. 버스가 내릴 역을 통과해버렸으니 당연지사 지각이었다. 갈아탄 버스에서조차 잠이 들어버려 바로 집으로 직행하기 일쑤였다. 그는 그때마다 전화를 걸어 결근사유를 대느라 궁색해졌다. 할아버지, 할머니는 오래 전에 돌아가셨고 이모, 고모가 몇 분이나 계시는지는 몰라도 죄다 저승사자가 다 모셔갔다. 외가도, 처가도 그로 인해 일족이 텅텅 비었다. 어쨌거나 혈혈단신으로 살아가는 그의 모습이 애처롭기까지 했다.

　나는 잠에 빠져 기차에 실려 가고 있었다. 세 정거장이 아니라 그때 사정이라면 열 정거장을 가도 아마 잠에서 깨어나지 못했으리라. 마치 마취주사를 맞은 것처럼 의식불명의 상태에서 헤매고 있었으리라. 그랬는데 나를 깨우는 기척을 느꼈다. 좀체 잠에서 빠져나오지 못하는 나에게 ‘내리셔야죠!’ 하는 희미한 목소리가 귓전에 들렸다. ‘이 역에서 내리신다면서요?’ 나는 허둥지둥 잠에서 깨어나 륙색을 울러 매고는 출입문으로 달려갔다. 그쯤에서 재정신이 들었나보다. 출입문 고리를 잡고 고마운 사람에게 눈인사를 보냈다. 그때까지도 지켜보고 있었던 중년부인의 눈인사가 그렇게 해맑을 수 없다는 생각이 들었다. 내가 내릴 역을 그 부인은 어떻게 알았을까? 나는 머리를 벅적거릴 수밖에 없었다. 나의 늙은 몰골이 그녀의 부모님을 생각나게 해서였을까? 아무튼 아름다운 마음씨의 천사님 덕분에 훈훈한 바람이 가슴으로 밀려듦을 느낄 수 있었다.

세상에는 버리고 버려지는 것들이 허다하다. 다 써버려서 버려지는 경우가 있냐하면 말짱 새 것을 마구잡이식으로 버리는 것 또한 많다. 하물며 용도가 지난 것에 대한 배려는 도무지 기대할 수 없다. 인간에 대한 배려 또한 그 범주에 들 것이다. 나도 나이가 들어갈수록 외톨이가 되어가고 있다. 세상이 나를 그렇게 적응하도록 요구하고, 나 또한 적응에 민감하게 반응하도록 길들여지고 있다. 그러다보니 나는 홀로서기의 적절한 사례가 되어간다. 나에 대한 타인의 관심이 오래전 거세되었다고 생각해본다. 그랬었는데 나를 잠에서 깨어나게 해준 고운 마음씨는 내 마음을 짠하게 하는 감동을 주었다. 참으로 얼마 만에 느껴보는 감동이었던가? 세상 구석구석에는 이런 따사로움이 감춰져 있었구나. 그래서 세상에는 그래도 착한 사람이 많아 살맛이 난다고 했던가? 나는 그동안 내가 그들에게 던진 왜곡된 시선에 부끄러움을 느낀다. 나서서 내가 해야 할 일을 새삼 발견하게 된 것 같다. 켜켜이 쌓아온 앙금을 이제는 한 켜 한 켜 풀어내려 놓아야겠다. 법대로까지는 아닐지라도 깨달은 양심에 따라 나아가리라 다짐해본다. 진정 내 가슴 속의 온기가 밖으로 두루 퍼져나갔으면 얼마나 좋을까 싶다.

몰랐던 일

1

학교생활 40년,
교육위원 4X2=8년,
어언 72세.

멋모르고 달려온 삶.
쥐어지는 게 없다.

하지만,
열심히 살려했다는
변명은 꼬리를 물고.

빼곡하게 쟁인 스크랩 속 편린들

장마다 서려있는 사연들

다,

나 잘 되자고 한 노릇들.

그렇게,

아쉬운 이순을 속절없이 보냈다.

새로이 맞이한 고희!

2

이제부터 내가 해야 할

몰랐던 일들.

아내를 위한 일들.

밥 짓고 빨래하고 청소하고,

그런 일 하는 줄 알았다.

어느 날,

무릎 연골이 다 닳아 버렸다고 했다.

죽을 때까지 달고 가야할 고질병이란다.

133

애 낳고 칼슘 빠져나가고
하루 진종일 하녀처럼 기어 다니고
개근하듯 기어 다녔다.
내가 몰랐던 숱한 시간동안 기적마냥 견디면서.

식구 챙기느라
잃어버린 시간과 공간.
찬물에 밥 한술 말아 삼키고
스트레스로 살쪘다는 뚱보 할멈으로 돌아와
드디어 온갖 잔병을 끼고
아침 약, 점심 약, 저녁 약 한 움큼씩 부어 넣고
속이 아파 돌돌 구르는.

90세는 기본이라던데
저리 저리고 쓰린 표정.

잠이 들어 앓는 소리,
머리칼이 빠진 민숭민숭한 숨구멍으로
볼록볼록 새어나온다.

챙길수록

몰랐던 일들

하도 많아,

바투 앉아

타는 노을처럼 눈시울이 붉어진다.

국밥집

사돈 웬 초장에 국밥은요?

사지 않을 국밥을 얻어먹겠다는 심보가 다분히 깔린 말이다. 그래도 그 말은 악의가 없어 정겹게 들린다. 손가락 마디가 쩍 갈라지는 혹한에, 절절 끓는 장터국밥보다 나은 음식이 어디에 또 있을까? 불그레한 국물에 노르 께한 쇠기름이 동동 떠다니는 소고기국밥은 그중 일미다. 까짓, 고깃덩어리 야 헤엄쳐 갔겠지만 물렁하게 익은 대파며 무는 입에 착 달라붙게 간이 배 어 있다.

나는 이번 겨울여행을 국밥이나 장국을 찾아 나서기로 한다.

국밥여행은 아무래도 기차로 하는 게 어울릴 것 같다. 3등 기차가 서는 역이면 으레 서민들의 애환이 서린 국밥집이 있기 때문이다.

경산 소고기국밥, 진주 우거지해장국, 경주 묵해장국, 청도 잡어추어 탕, 포항 가자미 물회, 감포 오징어 물회, 춘천 피라미어탕, 남해 돌장어탕, 강화도 꽃게탕, 순천 짱뚱어탕, 영동 찌그리, 대천 조개탕……

남대문 새벽시장 북어 국, 대전역 부근 시래기 국, 대구 칠성시장 뼈다귀 해장국, 부산 자갈치시장 꿀꿀이죽, 울산 장생포 고래 고기 탕, 광주 설렁탕, 전주 나물국, 목포 연포탕······.

내가 시식해본 것조차 다 열거하기가 어렵다. 엄동설한 말만 들어도 뻑적지근한 속이 확 풀리는 것 같다.

같은 추어탕이라도 지방에 따라 요리하는 솜씨들이 달라 그 맛이란 게 천차만별이다. 같은 김치라도 남도 사람들이 멸치젓갈로 맛을 내는 것과 중부 사람들이 새우젓으로 맛을 내는 것과는 그 맛이 완전 다른 것처럼. 어느 것이든 익숙해지면 고유의 맛깔스런 맛을 느낄 수 있게 마련이지만.

요즘은 늙은이나 젊은이나 입맛이 변한 것 같다.

몇 번을 우려내고 몇 시간을 달기고 해서 만드는 전통음식에서 점점 거리가 멀어진다. 만드는 과정이 지루하고 복잡한 것만이 이유인 것은 아닌 것 같다. 새롭게 개발되는 퓨전음식에 혀의 미각이 예민하게 익숙해지고 있는 것이다. 조리시간이 짧은 것 외에도 풍부한 재료와 다양한 향료의 수입, 요리기술의 세계화가 전통음식의 수준을 훨씬 능가하는 게 사실이다.

국밥이나 장국은 맛보다는 저렴한 음식 값이 서민의 마음을 사로잡는다. 나아가 신토불이라 해서 우리 것을 위주로 쓰는 것이 특징이다. 그런데 지금의 음식재료는 수입품에 견주어 값에서 경쟁을 하지 못할 지경에 이르렀다. 게다가 인건비, 연료비, 전기세, 어느 것 하나 경쟁에서 이겨낼 수 있는 게 없다. 그런 게 우리네 국밥과 장국의 맛을 떨어뜨리고 변질시킨다.

나는 위에서 열거한 국밥집이나 장국집을 자주 찾아다닌다.

그런데 소문이나 인터넷을 통해 찾아간 집들이 영세해서 이미 장사를 그만두었거나 파리를 날리는 실정이다. 경영하는 주인도 연령대가 높은데다 새로운 기술을 개발하지 못하고 있다. 전통 그대로를 고집하다보니 위생상의 문제도 대두된다. 사라지는 전통음식을 뒤로 하고 발걸음을 떼어놓기가 무척 아쉬울 때가 많다.

사실 국밥이나 장국은 별다른 찬을 필요로 하지 않는 음식들이다. 그런데 요즘의 전통음식에 대한 개념은 푸짐한 찬을 연상하게 한다. 전날, 어느 추어탕 집에 들렀을 때 줄을 서서 차례를 기다려야 했다. 벌겋게 달아오르는 참나무 장작불을 쪼이면서.

나 홀로 상에 밥과 추어탕 외에 10가지의 반찬이 오른다. 취나물, 톳나물, 꽁치 한 마리, 명태껍질무침, 파래 무무침, 멸치조림, 마늘순 김무침, 그밖에 계절에 맞춰 준비한 찬들이 정식을 방불케 한다. 조미료도 다양하다. 후추, 방아, 으깬 마늘, 다진 풋고추, 들깨가루, 구운 소금, 초고추장, 진간장. 그런데도 밥값이 어느 국밥집보다 저렴하다.

내가 이 집에 가려면 승용차로 50분 거리다. 왕복 기름 값이 음식 값의 네 배는 드는 것 같다. 그럼에도 불구하고 잊지 않고 들리는 것은 이 가게가 맥을 이어갈 수 있기를 고대하기 때문이다. 그리고 그런 가게를 또 찾게 될 수 있기를 기대하기 때문이다.

빛을 잃고 사라져가는 국밥집과 장국집을 부지런히 찾아다니며 그들의 노하우를 기록으로나마 남기고 싶다. 가능하다면 스스로라도 재현해보고 싶다.

한여름 밤의 꿈

평창에 도착한 것은 오후 여섯 시가 조금 넘은 시각이었다. 도중에 들릴만한 곳을 다 기웃거리다보니 꼭두새벽에 출발했지만 저녁 무렵에야 겨우 도착할 수 있었다. 장이 서는 곳에서는 으레 장꾼이 되었고, 낚시를 하는 곳에서는 세상에서 제일 하릴없는 구경꾼이 되었다. 문학관을 지나칠 수 없어 방명록에 이름을 얹기도 했고 휴게소마다 고객이 되어 먹기도 했다.

목적지야 애초부터 평창으로 정해두고 출발했지만, 그 사이 과정은 아예 짜여있지 않았기에 도착이 늦은 것은 필연지사였다. 변명 같지만, 그게 내가 내비게이션을 달지 않는 이유이기도 했다.

'물어물어 가면 서울 김 서방 집도 찾을 수 있는데. 까짓것 동가리 길로 가다가 막히면 돌아 나오면 될 테고. 그새 동네인심도 살피고. 시간을 죽여 내는 데는 내비가 무용지물이거든.'

나와 아내는 전국을 후끈 달아오르게 했던 '2018 평창 동계올림픽 유치 확정'이라는 무수한 플래카드를 보고서야 우리가 평창에 도달했음을 실감할 수 있었다. 우리는 플래카드를 하나하나 일일이 읽어보았다.

'대한민국의 새로운 지평이 평창에서 시작됩니다!'

휴지 한조각 보이지 않는 거리, 높낮이를 맞춘 가지런한 간판들, 좁지만 곧은 길, 옥가락지를 꿰찬 듯한 상점 표지판. 한국전쟁의 격전지였던 아픔과 흔적을 말끔히 걷어낸 평창군민의 고군분투한 노력에 새삼 갈채를 보내지 않을 수 없다. 읍이라곤 하지만 조금도 현란하지 않으면서 수수하고 꾸밈이 없는 모습이 더욱 잔잔한 매력을 풍기는 것 같다. 시끄럽지 않고 수다스럽지 않으면서 자연이 주는 그대로를 끌어안고 있어 더 좋은 것 같다.

우리는 호수 같은 강줄기를 따라 오르내리다 마침내 메밀막국수 집을 찾아낸다. 평창의 여름은 막국수가 제격이지라는 나의 말에 아내가 맞장구를 친다. 시원하게 말은 막국수 한 대접씩을 후딱 챙기는 사이에 승용차며 관광버스까지 밀려들어 식당 안은 금세 북새통을 이룬다. 어쩌면 우리가 손님을 몰고 다니는 것 같은 느낌이 든다.

이른 저녁을 먹은 뒤, 강변이 아름다운 곳에 위치한 한 모텔을 찾아 예약한다. 여름성수기에 미리 인터넷으로 예약을 하지 않았음에도 이렇듯 용이하게 방을 차지할 수 있었던 것은 행운이었다.

'마침 온돌방 하나가 남아있었네요.'

주인이 오히려 반기며 하는 말이었다.

우리는 다시 읍내로 돌아와 전통재래시장을 한 바퀴 돌아본다. 삶은 옥수수는 내가 골랐고 아내는 감자전을 주문했다. 아무래도 밤의 허기를 달래줄 간식이 필요했기 때문이었다. 감자는 옛날 청나라 사람들이 우리나라에서 산삼을 캐러 다녔을 때 갖고 들어온 것이 기원이 되었다고 전을 굽는 아줌마가 일러준다. 그 후로 죽 강원도 주민들이 화전을 일구어 오늘날까지 주식으로 이어져왔단다. 아줌마는 벌써부터 동계올림픽 민간인홍보대사가 되어 있었다. 잘 익은 옥수수막걸리 한 병이 빠질 리 없다. 강원도를 대표할 만한 음식들을 봉지 가득 담고 우리는 개선장군처럼 득이 만만하게 침소로 귀향했다.

잠이란 그날의 컨디션에 매였다.

아무리 자려고 애를 태워도 눈이 매롱거릴 때가 있다. 그럴 때는 눈꺼풀이, 눈알이 따가워 쩔쩔 매면서도 잠을 설치게 마련이다. 차라리 자지 않으려고 하는 편이 편안할 수 있을지도 모른다. 반면, 뒷목이 베개에 닿자마자 코를 골면서 잠에 빠져드는 사람도 있다. 같은 사람이면서도 이처럼 여건에 따라서는 사정이 바뀌는 것 또한 사람의 일이다. 아프리카의 한 여인이 30년간이나 한숨도 자지 않고 오래 살고 있다는 기록을 본 적이 있다.

친구 중에 늦게 불교에 심취해 다니던 직장을 그만두고 도를 깨우친다며 스스로 암자에 들어간 치가 있었다. 그는 평소 잠이란 마음먹기에 따라 잘 수도, 안 잘 수도 있다고 했다. 뿐만 아니라 정해진 시간에 기상을 하려고하면 능히 그 시간에 잠에서 깨어날 수 있다고도 했다. 나는 그의 잠의 철학을 신봉하는 한 사람으로 변해갔다. 내가 심한 노이로제 현상으로 도무지 잠을 자지 못했을 때를 돌이켜보면 저절로 웃음이 나온다. '내일은 자리라.'는 나의 신념이 굳어지면서 누우면 자는 습관이 형성되어갔기 때문이다. 내일은 언제나 있는 것이니까.

초저녁잠에서 깨었을 때 나는 핸드폰의 뚜껑을 열어보았다.

10시 30분!

'도대체 몇 시에 잤기에 이 시간에 깨는 것일까? 피곤하지 않는 걸보면 꽤 오래 잔 것 같기도 한데. 바깥이 깜깜한 걸 보니 아직은 실컷 자야겠네. 잠이 더 오려나.'

고지전이 치열하게 전개되고 있다.

무스탕의 프로펠러 소리가 요란하게 들린다. 이어서 폭발음과 함께 파편조각이 산산이 흩어진다. 땅이 패고, 암벽이 뭉개지며, 절규하는 병사들의 울부짖음이 어울려 아수라장이 된 전장! 스크린엔 먼지만 가득 채워진다. 이윽고 떨어져 나온 팔과 다리들이 머리 위로, 귓전을 돌아 횡횡 사라진다. 다시 함성이 들리고 전진, 앞으로! 를 외치는 소리. 고막이 찢어지는 듯한 포성으로 인해 잠이 깬다. 다시 핸드폰 뚜껑을 연다.

11시 30분!

그들은 한 시간 동안 생사를 걸고 싸웠다. 이젠, 지긋지긋한 전쟁 꿈은 꾸지 않아야겠다.

그런데 누군가가 고지 꼭대기에 태극기를 꽂고 있다. 피에 젖은 태극기가 힘차게 펄럭인다. 사방을 훑어보니 고지에, 들판에, 피가 흘러내린 강물에 온통 태극기의 물결로 구비 친다. 환호하는 사람들의 손에도 어김없이 태극기가 쥐여 있다. 그들은 어느 누군가가 외치는 소리에 맞춰 태극기를 흔들고 있다.

12시 30분!

나는 잠에서 깬다. 방금 힘차게 휘젓던 태극기가 손에서 사라지고 없다. 빈주먹만 불끈 쥐고 있다. 손바닥에 땀이 고여 있다. 하지만 조금도 서운한 마음은 없다. 잠에서 깨어나지 않았어야 했는데! 나는 화장실을 다녀온 후 다시 잠을 청한다.

남산으로 향하는 다리목에 선다.

하얗게 눈이 쌓여있다. 강아지 한 마리가 눈밭에서 장난질을 한다. 녀석은 생애 첫눈을 맞이하는 모양이다. 나는 철원에서 군대생활을 하던 때를 떠올린다. 한반도의 남쪽 지방에 살아서인지 좀체 눈을 못 봤던 나로서는 강아지처럼 눈밭에서 뒹굴기조차 한다. 그랬는데 일주일씩이나 그치지 않고 내리는 폭설에는 그만 질려버린다. 적설량 1m가 연병장에 쫙 깔린다. 그건 낭만이 있는 풍경이 도무지 아니다. 하루 만에 말끔히 걷어내야 하는 것이 군대요, 군인의 임무다. 만일에 대비해야 하는 작전의 일환임을 누가 거역할 수 있을까? 깊은 산골짜기까지 이어진 작전도로의 눈은 야간일지라도 필히 제설작업은 이루어져야 한다. 눈이, 눈이 아니라 원수다.

눈 덮인 다리 위에서 낚싯대를 드리우고 있는 노병들의 모습이 보인다. 팔과 다리가 잘라져나간 상이용사들이 소일삼아 낚시를 하고 있다. 그들은 어탕 맛에 푹 길들여진 것 같다. 나도 어탕파티에 끼어든다. 신선놀음이 따로 없다. 한 스푼 가득 퍼서 입안으로 밀어 넣는다. 뜨겁고 얼얼한 맛에 재채기가 난다. 나는 재채기를 하다 나도 모르게 잠에서 깬다. 새벽 1시 30분! 핸드폰의 뚜껑을 열어볼 필요도 없다.

다시 자면 되는 것이다.

"대한민국 평창의 승리입니다! 여러분, 우리는 기어코 해냈습니다!"

다시 태극기가 펄럭인다. 나도 힘차게 태극기를 흔들면서 길게 늘어선 대열을 따라간다. 불볕더위에도 아랑곳 않고 비지땀을 흘리면서 한사코 따라간다. 그들과 함께 목이 터져라 구호도 외친다. 아우내 장터를 방불케 하는 외침이다. 눈 위를 뒹굴던 강아지가 나를 보고 아는 체를 한다. 나도 강아지도 플래카드를 몸에 두르고 머리띠를 불끈 동여매고 있다. 강아지도 대열을 따라 열심히 따라온다. 그런데 갑자기 강아지가 보이지 않는다. 나는 강아지의 이름을 애타게 부르다 아내가 흔드는 통에 잠에서 깬다.

"강아지가 어쨌다고요? 희한한 잠꼬대소리 다 듣겠네요."

나는 아내의 그런 소리를 들은 것 같지만 의미를 새기지는 못한다.

드디어 태극기를 든 패거리들이 남산으로 향하는 다리목에 이른다. 벌써부터 다리목에 이르러 이쪽 패거리의 도착을 기다리던 패거리가 합세한다. 태극기의 물결은 배가 된다. 저쪽의 대장은 아까부터 낚시를 하고 있던 상이용사다. 이쪽은 양복에다 넥타이를 맨 사람들이다. 그들은 함께 어우러져 흥을 돋우고 있다. 와르르 모여 들었다 민물 지듯 쓸려나간다. 그러다 서로 꼬리를 물고 빙글빙글 돌아간다. 꼬리의 회전이 점점 빨라진다. 어지럽게 돌아간다. 꽹과리 소리가 요란하게 들리고 폭죽이 울려 퍼진다. 시간은 밤으로 치닫고 있다. 흥이 쉽사리 가라앉질 않는다. 오색등불이 켜지고 축포는 무지개 빛깔을 여지없이 뿜어낸다. 조명탄이 연이어 발사되고 거리는 대낮처럼 밝다. 아까부터 아리랑 노랫가락이 한층 더 흥을 돋운다. 어깨가 들썩거려지고 땅이 꺼져라 지신을 밟는다.

아내가 내 이마의 흥건한 땀을 닦아내고 있다.

"여행하는 사람이 꿈꾸다 밤 세우겠네요!"

"아니 벌써 날이 샜어요?"

"아직은요. 푹 더 주무셔요."

아내는 잠이 완전 깬 것 같았다. 평소처럼, 서너 시가 되니 좀이 쑤셔 일어난 모양이었다. 그리고 나더러는 버릇처럼 더 자란다.

아무렴 자고말고요!

옥수수로 배를 채워선지 아랫배가 꾸르륵거린다. 맛없으면 100% 환불한다는 아줌마의 상술에 말려 마구 먹었던 게 화근이다. 수십km까지 북상한 터에 환불하러 도로 내려간다는 것은 상상할 수 없는 일이다. 더군다나 지금은 밤이다. 그리고 맛이 있어서 남기지 않고 다 먹어치운 것은 분명하다. 배탈까지 책임지겠다는 말은 처음부터 없었다. 나는 전통재래시장에서 아내가 사온 감자전을 먹는다. 아내는 아직껏 옥수수에 물리지 않았는지 찐 옥수수를 한 잎 가득 베어 먹는다.

"감자전이 배탈에 특효약인가 봐요!"

나의 말에 아내는 웃기만 한다.

"감자전이 배탈에 특효약이라면서요?"

"내가 그랬었나?"

"당신이 언제 감자전을 먹기나 했기래요."

"꿈이었나 봐! 감자전 먹고 배탈이 나은 건."

내가 시간을 묻자 아내는 커튼을 젖히면서 다섯 시라고 답한다. 밖이

훤하다. 내린천을 따라 흘러온 강물이 잔뜩 포말을 일으키며 남한강 쪽으로
내려가고 있다.

우리는 여행 가방을 각자 하나씩 걸머메고 모텔에서 빠져나온다. 정선
으로 갈까? 진부로 갈까? 산골의 아침기온이 뚝 떨어져 있다. 상쾌한 바람
이 분다. 눈은 언제 내리려나? 내리기나 하려나?

무

1

교사 때의 일이었다.

한 학년이 10학급 규모의 고등학교였다. 하루는 우리 반 학생 한 명이 결석을 하게 되었다. 평소에 결석이 없던 학생이어서 나는 곧 전화를 걸었다. 그런데 아무도 받지 않았다. 그날 세 번이나 전화를 했지만 결과는 마찬가지였다. 나는 이웃에 사는 우리 반 학생을 시켜 사실을 확인해 달라고 부탁했다.

앞날 결석을 한 학생은 다음날도 출석을 하지 않았다. 나는 심부름을 시켰던 학생을 불러 사정을 물었다. 그 학생은 무엇을 감추고 있는 눈치였다. 내가 닦달을 해도 말문을 열려고 하지 않았다.

나는 수업을 마치자마자 그 학생의 집으로 가정방문을 했다. 학생은 누워 있었다. 얼굴과 손등에 상처가 있었지만 그다지 심하지는 않은 것 같았다. 학생의 부모님은 일터에 계셨기에 혼자 누워 있었던 것이었다. 내가 결석한 이유를 따져 묻자 그 학생은 못내 이렇게 말했다.

지난 일요일, 이웃 마을 친구 집에 놀러갔었다고 했다. 그랬는데 그 동네의 본교 2학년 한 명과 패거리한테 집단구타를 당했다는 것이었다. 맞아서 아팠다기보다 후배에게 폭력을 당했다는 게 부끄러워서 학교에 나갈 수 없었다고 했다. 학생의 아버지도 학교를 집어치우든지 해야지 남세스러워 어찌 학교에 다니겠냐고 했다는 것이었다.

담임인 내가 관여해 해결할 문제인 것 같았다.

우선 후배와 패거리들이 일차적으로 선배의 집을 방문하여 진심으로 사과해야 할 것이라고 했다. 다음으로 후배의 아버지는 선배의 아버지를 찾아뵙고 용서를 구함과 동시에 치료비 일체를 배상하겠다는 각서를 쓸 것을 주문했다. 일이 배배꼬여 있는 상태여서 후배와 패거리, 그의 아버지는 백배 사죄했고 모든 책임과 뒤처리를 감당하겠다고 했다.

일은 그렇게 쉽게 해결된 것이 아니었다.

며칠 뒤 우리 반 학생 칠팔 명이 가해한 후배 학생을 옥상으로 불러 몽둥이세례를 퍼부은 사건이 발생했다. 맞은 학생이 입원한 병실을 찾았을 때 학생은 병원 안을 구경삼아 두루 돌아다니고 있었다. 내가 그 학생을 보자 학생은 황급히 침상에 누웠다. 병문안을 왔노라고 했을 때 학생은 엄살을 부리기 시작했다. 목뼈가 어쩌고저쩌고, 갈비뼈가 아파 숨을 제대로 쉬기 어렵고, 몽둥이 공포감 때문에 잠을 설친다고 했다. 내가 거들어 그의 편이 되어주었던 며칠 전 일에 대한 고마움은 온데 간데 없었다. 생판 낯선 얼굴로 대하는 것 같았다.

오후에 피해학생의 보호자를 어렵사리 만났다. 선처를 해달라고 애걸하다시피 했지만 그 분은 바쁘다는 핑계를 대고 자리를 박차고 나갔다. 다음날 나는 이 사건을 풀어야 할 사람을 만났다. 그는 피해학생의 삼촌이라고 자칭하는 사람으로, 그를 다방에서 만났을 때 다리를 꼬고 앉아 있었다. 나와 처음 인사를 나누는 순간에도 그는 꼰 다리를 풀지 않았다. 사건이 점점 꼬여가는 듯했다. 그 쪽에서 사건을 꼬아가고 있다는 생각이 들었다.

"글 가르치는 선생이 이런 델 끼어들면 안 되지!"

그는 숫제 말까지 깔고 있었다.

앞의 경우와 이번 경우가 다르다는 게 그의 일관된 주장이었다. 앞의 경우는 그야말로 우발적인 사고였고 상호간 피해가 있었으나 인도적 차원에서 후배가 충분한 보상을 했다는 것이었다.

그러나 이번의 경우는 폭력을 넘어서 '몽둥이로 개를 잡는 짓, 그것도 신선한 교정에서!'라고 일침을 놓았다. 그의 언어와 태도로 미루어 내 말을 수용할 의사가 없음을 감지하였다. 하지만 집단폭행으로 인해 나의 반 학생들이 구속되는 것만큼은 막아보려고 안간힘을 썼다. 그게 가해학생들의 학부모가 바라는 바였기도 했다. 결국 그가 바라는 것은 돈이었다. 그는 빨리 이 사건을 그가 바라는 방식대로 종결짓고 싶어 했으며 다른 사건으로 머리를 돌리기 위해 나를 위협하고 독촉했다. 그가 요구하는 액수는 상상을 초월하는 것이었다. 교직에 몸을 담고 있는 나로서는 가해자와 피해자가 바라는 금액을 조정할 수가 없었다. 돈이 개입되는 문제는 당사자들끼리 조율할 문제라고 생각되었다. 다만 문제가 되는 것은 한 명을 제외한 나머지 학생은 가난해서 차라리 콩밥을 먹이라고 버티는 것이었다. 사건은 다소 부유한 한 학생의 학부모가 다른 학생의 학부모로부터 변제하겠다는 서약서를 받는 방향으로 가닥이 잡혔다.

후문으로 성돈 열 마리를 팔아 보상해주고 모든 마무리 지었다고 들었다.

세월은 흐르게 마련인가 보다.

흐르는 세월동안 세상인심이 나아진 것이라곤 찾아보기 어려워진 것 같다. 말은커녕 눈짓 한 번 잘못 주다간 날벼락 맞는 일상이 되어가고 있다는 생각이 든다. 나이가 들었다고 해서 할 말 못할 말 못 가리면 낭패 보기 십상이다. 눈 가리고 듣지 않고 보지 않는 쪽으로 사는 법을 익혀갈 따름이다.

2

이제 나는 모든 공직에서 물러나 나름대로는 한가하게 살아가고 있다. 그런 세월이 10여년 흘렀나 보다. 애써 그리 살다보니 그렇게 살아가는 것도 하나의 삶의 방식으로 익숙해져가고 있다.

가을의 따스한 햇볕을 받으며 무를 거둬들이는 할머니 한 분을 만났다. 아무래도 팔순을 넘기신 분이라고 생각되었다. 단정하게 빗어 올린 흰머리 결과 남루하지 않은 복장이 따스하게 느껴졌다. 달력에 담긴 사진 같기도 해서 나는 물끄러미 할머니의 손길을 지켜보고 있었다. 할머니는 당신의 옷매무새를 도닥거리고 나서 이렇게 말했다.

"뉘신가요?"

"지나가다가……. 무가 하도 탐스럽기에……."

나는 엉겁결에 무 타령을 했다.

"그러신가요. 내가 무를 좀 드리리다."

"아! 아닙니다. 저는 무를 들고 갈 처지가 못 됩니다."

넥타이를 매지 않았을 뿐 정장차림인 나로서는 무를 들고 갈 형편이 아니었다. 그보다 할머니가 지은 일 년 농사의 결실을 냉큼 받을 이유가 없다고 생각했기 때문이었다.

"내가 짚나라미로 몇 개 엮어줄 테니 갖고 가시게."

할머니는 하시던 일을 중단하고 무를 짚으로 주렁주렁 엮기 시작했다.

"할머니, 그렇게는 안 됩니다. 그럴 수는 없습니다."

"웬 객스러운 소리를 다 하시는 구만요."

할머니의 고집을 꺾을 수가 없음을 알고, 나는 할머니에게 애원을 하기 시작했다.

"정 주시겠다면 한 손에 한 개씩만 쥐어주신다면 양손으로 들고 가겠습니다."

"꼭 그러시려면 그러시게나."

할머니는 성의를 베풀지 못해 조금 심드렁해진 것 같았다.

나는 양손에 한 개씩 묵직한 무를 추켜들고 의기양양하게 걸었다. 이따

금 뒤를 돌아봤지만 할머니는 짧은 해가 떨어지기 전에 마무리를 지어야겠

다는 듯이 무밭에 구부리고 계셨다.

따라와 보실래요?

초겨울.

저는 지금 기차여행을 떠나려 합니다.

한가하시다면, 따라와 보실래요?

*

무궁화열차는 낙동강변의 아침햇살을 가르며 힘차게 달린다. 난반사하는 강물결과 단풍이 오색으로 물들어 있는 나뭇가지들이 창문 안으로 기어 듭니다. 부지런한 철새들은 꼭두새벽부터 먹이사냥을 하고 있다.

아침을 설칠 수 없어 죽 한 그릇을 비웠더니 든든하다. 나는 구포역에서 내린다. 자주 하는 여행이어서 매사를 익숙하게 처리해 나간다. 이제는 지하철로 갈아탈 차례이다. 오랜만에 자갈치에 가볼 작정이다. 필요한 게 있어서가 아니라 오랜만이어서 가보려고 하는 거다. 나처럼 여행을 풍월삼아 다니는 사람이 애초부터 목적지가 정해져 있을 수는 없다. 그때그때마다 좌로도 가고 우로도 꺾는다.

자갈치시장 입구로 들어선다.

시장은 들머리부터 북적댄다. 요리조리 사람 사이로 피해가며 어물전 구경을 하고 다닌다. 빈손으로 왔으니 딱히 살거리가 없다. 복국집 앞에도 섰다가 고래고기 좌판 앞에도 잠시 얼쩡거린다. 즐겨 먹던 기호식품이지만 비싼 가격에 엄두도 못 내고 만다. 난전을 실없이 두어 바퀴 두리번거리다 계선주가 서있는 바닷가로 나선다. 때아니게 낚시꾼들이 하역하는 배의 선두에서 혹은 선미에서 낚싯줄을 드리우고 있다. 사람들이 몰려와 낚시꾼을 구경하느라 여념이 없어 보인다. 새끼고등어를 낚나 보다. 나도 어릴 적엔 홍합이나 고등어 제살을 미끼로 고등어낚시를 했었다. 속이 훤히 들여다보이는 물속에 낚싯줄을 드리웠다가 어느 순간 미끼가 보이지 않으면 챔질해서 낚던 생각에 빠져 있었다. 그런데 지금은 물빛이 부유물로 인해 잔뜩 흐리다.

"나처럼 하릴없는 사람도 많구나!"

한참을 들여다보아도 고기 한 마리 낚는 낚시꾼이 보이지 않는다. 사실 올해 고등어 계절은 마무리 졌다. 그런데도 자리를 뜨는 사람이 없으니 엔간히 한가해 보인다. 나는 아예 계선주에 눌러앉았다. 집에서 싸가지고 온 김밥을 꺼내 먹기 위해서이다. 김밥의 속이야 어쨌건 바닷바람 쐬며 먹는 맛은 기가 차다.

점심을 끝내고 자리에서 부스스 일어선다. 다시 지하철역으로 옮겨가기 전에 영도대교 쪽으로 가보고 싶은 충동 때문이다. 다리 밑에는 언제나 소금기가 녹아 있는 물이 고여 있어 질퍽거린다. 거기 나직한 판자촌에는 무당이 있었고 점을 보려는 사람들이 줄을 지어 서 있었다. 바로 손아래동 생의 대모도 그곳의 점쟁이였다. 그분은 한 번씩 우리가 사는 집으로 오시 곤 했다. 오실 때는 뭘 잔뜩 사가지고 오셨기에 우리 집은 잔칫날이 되곤 했다. 처음 그분을 뵙게 되었을 때 퍽 인자하시고 웃음이 많은 분이라는 느 낌을 받았다. 어머니가 막내 여동생을 낳으신 해 중병을 얻자 불교에서 천 주교로 개종하셨고, 그 후로 대모는 모습을 보이지 않았다. 나에게는 동생 의 대모가 계시던 대교 밑이 전혀 낯설지 않고 질척거리는 거리일 수 없다.

대교에서 벗어나 다시 지하철역으로 향한다.

서면에서 환승하여 동백역으로 가기 위해서이다. 지금쯤 동백섬은 동 백꽃이 화사하게 피어 있을 것이다. 창창한 푸른 바다와 짙은 녹색의 동백 이파리, 그리고 빨간 동백꽃은 언제 보아도 환상적인 조화를 이룬다. 동백 섬 입구 방파제에서도 많은 낚시꾼들이 긴 장대로 전어낚시를 하고 있다. 막 잡은 전어가 금빛을 토하며 파드득거린다.

G20 정상들이 동백섬에서 가진 컨퍼런스를 회상하며 오륙도가 있는 이기대를 바라본다. 맑은 날이면 쓰시마가 병풍처럼 떠있을 모습을 상상하 기도 한다. 달맞이 길에서 오른편으로 시선을 쭉 옮기면 물거품을 가득 물 고 항해하는 선박을 수없이 볼 수 있다. 왠지 이 나라 국민이 된 자긍심이 느껴진다.

동백섬 해변 길을 벗어나 백사장으로 걸음을 내딛는다. 신발이 모래 속으로 빠져든다. 사각거리는 소리와 촉감이 동심으로 돌아가게 해준다. 멀리 유람선에서는 여행객들이 새우깡을 던져주는지 갈매기들이 떼를 지어 저공 비행을 하고 있다.

뿌듯해진 다리의 피로를 풀기 위하여 무료로 제공하는 야외온천족탕에 발을 담근다. 제 또래 늙은이들이 진을 치고 있다. 앞과 옆 늙은이들의 대화에 귀가 솔깃해진다. 그들의 모든 얘기가 내 얘기처럼 들린다. 듣기만 해도 재미가 쏠쏠하다. 잔잔한 미소가 내 입가에 피기까지 한다.

나는 세련된 부산사람들을 식별할 줄 안다. 부산에 오면 모든 것을 그분들께 물어서 하면 편하다. 그분들은 언제나 친절하게 내 생각대로 해주기 때문이다. 그렇잖음 통박을 맞을 수도 있다는 사실을 알아야 한다. 이런 일들은 대학에 들면서 부산을 떠나기 전에 몸에 밴 습관 때문이라고 생각한다.

초겨울의 낮 시간은 참으로 짧다.

늦어도 해가 서산에 뉘엿거리기 전에 해운대역 지하철에 탑승해 있어야 한다. 그리고 수영역에서 구포로 가는 지하철로 환승해야 한다. 퇴근 무렵이어서 기차 안은 붐비지만 다행하게도 노약자석은 내 차지가 된다. 좌석 때문에 따로 눈치를 볼 필요가 없다. 구포역에 닿으면 기차는 지상으로 얼굴을 내민다. 벌써 사방이 캄캄하지만 조명등을 밝히고 있는 건물이나 교회의 빨간 십자가, 대낮처럼 불을 밝힌 대교와 꼬리를 물고 질주하는 차들의 헤드라이트 불빛은 서로 어우러져 장관을 이룬다. 나는 어스름한 역사를 찾아 들어간다. 밀양으로 되돌아갈 기차표를 사야한다. 집에서는 집나간 나에게 벌써부터 전화를 해온다.

"거기가 어디에요?"

"노인네가 늦으니까 걱정이 되지요!"

"서둘러 오세요!"

"밤길 조심하시고요!"

"여기는 구포역이예요. 예, 그러리다. 그렇게 하지요."

쉽게 대답해주고 창문 가까이로 다가앉는다. 낙동강변의 낙엽은 겨울
내내 떨어진다.

내 겨울여행은 여기까지이다.

안녕히 가십시오.

오늘의 경비는 밀양-구포 왕복권을 저축해둔 회원카드로 결재했다. 그
것마저 경로우대로 30%나 할인했으니 무전여행을 한 셈이다. 심통을 부려
도 지하철은 우대권을 이용한다.

그리고 종일 걸은 거리는 7km이다.

딱 만보이다.

만병통치

1

"시팔!"

마구 욕이 튀어나온다.

그래도,

나는 그를 고발하지 않는다.

아니 고발할 수 없다.

의사의 오진이 아니란다.

그 의사 참 지랄 같지만.

간호사 잘못도 아니란다.

약국보조약사가 실수한 거란다.

간밤에 잠을 설쳐서 그만.

그렇다 치자.

그래도 그렇지.

설사 만난 놈에게 설사약을 먹여?

입원시키려고 작정을 한 거지.

그러니까 시팔, 욕이 안 나와.

아픈 놈이 등신이지.

누가 아프라고 그랬어?

멀쩡하게 살면 될 것 갖고.

2

이비인후과에 간 적 있다.

의사는 환자에게 묻지 않는다.

어디가 아프냐고, 어디가 슬프냐고,

환자가 지껄여도 그만, 못 지껄여도 그만.

이비인후과 의사는 귀가 고장중이다.

의사는 귀가 아려도, 콧구멍이 간질거려도, 목이 쑤셔도,

환자의 목구멍만 들여다본다.

목구멍 안에 뭔가를 칙칙 뿌린다.

귀가 아려도, 콧구멍이 간질거려도, 목이 쑤셔도,

3초 후,

눈물이 찔끔 흐른다.

이비인후과는 언제나 만원이다.

넋을 놓고 기다려야 차례가 온다.

잔뜩 긴장한 환자가 긴장할 틈도 없다.

아리고, 간질거리고, 쑤셔도,

3초 후, 치료가 끝난다.

다음 분!

간호사가 환자를 바꿔 앉힌다.

의학박사, K박사의 하루 진료가 끝난다.

말하자면,

귀, 코, 목이 한 구멍 안에 있단다.

텃밭

퇴임을 하고, 남들 다 텃밭을 가꾼다기에 불쑥 뛰어들었다. 그럴싸하게 들렸기 때문이었다. 여가시간도 찾고 건강에도 좋다기에 앞뒤 잴 것 없이 같이 퇴임한 교장선생님의 밭을 한 뼘쯤 빌렸다. 따지고 보면 남도 아닌 처지여서 쉽게 빌린 채전이었다.

그런데 평생 농사라곤 근처에도 가본 적이 없었다. 호미가 어떻게 생겼는지조차 문외한이었다. 남들 거름하자면 같이 하고, 메자면 같이 메고, 종자를 심자면 심었다. 드디어 수확도 했다. 돌이켜보면, 여간 힘든 일이 아니었다. 처음 호미질을 했을 때는 10분이 채 못돼 팔 힘이 쭉 빠지는 것 같았다. 한 해를 넘긴 지금은 30분 정도도 거뜬하게 해낸다. 해보기 나름인 것 같다.

장이 서는 날, 감자 씨앗을 팔기에 덜렁 샀다. 한 됫박에 5천원을 달라는 것을 염치불구하고 오백 원을 깎았다. 감자심기는 난생 처음 하는 일이어서 마음이 설랬다. 과연 내가 심는 감자씨앗에 감자가 주렁주렁 달릴까하는 의문에서였다. 묻기도 하고, 인터넷을 뒤지기도 하여 정리를 해보았다. 거름 질을 한 후 일주일이 지났다. 골을 타서 북을 돋우고 씨감자를 넣고는 흙을 덮고 있었다. 그때 지나가던 노인네 한 분이 이르기를 감자를 그렇게 심는 게 아니라고 했다. 칼로 도려낸 부분이 하늘을 쳐다보도록 해야 한다는 것이었다. 내가 생각하기에는 그렇지 않을 것 같았다. 내가 심어 놓은 방식이 옳을 것이라고 생각했다. 그 노인은 화를 버럭 내면서, 수확량에 대하여 관심이 없으면 그렇게 하라하고는 픽 가버렸다. 심었던 씨감자를 모두 뒤집어 눕혔다. 눕혀놓긴 했지만 왠지 개운치 않았다. 다시 물을 수밖에 없었다. 깐엔, 전문가라고 자처하는 사람들의 의견조차 일치하지 않았다. 대답은 4:6! 이게 무슨 변괴냐 싶었다. 나는 심었던 감자를 하루 새 두 번씩이나 뒤집어 심었다. 민주주의는 다수결의 원칙을 수호하는 것이라고 중얼거리면서. 뒷얘기지만 투자에 비해 반타작도 못했다. 부은 노력이사 운동으로 땜질을 한다손 치더라도 내년 농사에 감자를 심는 일은 없을 것이라고 되뇌었다.

텃밭이란 게 원체 손바닥만 해서 이것저것 심을 계제가 못됐다. 그랬지만 농사가 계절에 민감해서 계절에 맞춰 하려니 품이 여간 드는 게 아니었다. 봄철에는 밭에다 엉덩이를 깔아야 했다. 눈에 넣어도 개이지 않을 상추씨를 뿌리랴, 뿌릴 것이 하도 많았다. 마침, 재래시장은 때맞춰 종자를 공급해주는 곳이었다.

퇴임할 때의 뽀얀 얼굴이 빨게 지드니 기어코 까맣게 그을렸다. 하긴 농삿일하는 사람이 그깟 햇볕을 두려워해 될 상황이 아니었다. 연장도 점점

늘어났다. 그렇다고 이대로 농사꾼이 되는 것은 아니었다. 나의 경우는 그
저 흉내를 내보는 것에 불과했다. 비뚤배뚤 오이고추며, 오글쪼글 청양고
추, 탄저흔적이 묻어있는 가지, 걷잡을 수 없이 키가 올라가는 상추. 정상적
인 성장을 보이는 것이라곤 없는 푸새들이 거르지 않고 밥상에 올랐다. 농
약을 치지 않은 자연식품이라는 이유만으로 한없이 먹어댔다. 먹다보니 없
든 맛도 생겨났다.

　　작년 이맘때, 김장배추를 심을 요량으로 준비를 하고 있었다. 그러나
막상 준비에만 열을 올리다 파종시기를 놓쳐 버렸다. 배추는 무와는 달리
포트에 든 모종을 사다가 심어야 했다. 그런데 종자를 파는 곳이 없었다.
2주일이 지난 후, 철늦게 배추모종을 파는 데가 있어 웬 떡이냐며 한 판을
사서 심었다. 9월 18일자 달력에 까맣게 칠을 해두었다. 얼마만큼 크다가
크기를 중단해버릴 것인지가 궁금했다. 날씨가 추워지기 전에 물을 길러다
아침저녁으로 배추밭에 뿌렸다. 예의 그 노인이 지나다가 한 말씀 또 거들
었다. 물을 배추꼭지에 뿌리면 안 되지, 골을 따서 골에다 흥건하게 주어야
하는 거라고. 배추꼭지에 물을 주는 것만 해도 코에 단내가 나는데, 골에
물을 대려면 물량이 드럼통으로 져다 부어도 감당이 되겠소? 나는 맥이 확
풀려서 그만 주저앉아버렸다. 그것조차 못하겠다면야 하는 수 없고. 노인은
풍뎅이 불 끄는 소리를 남기고 자리를 떴다. 이건 누구에게 물을 수 있는
상황이 아니었다. 노인의 말씀이 천번만번 옳은 말씀처럼 들렸다. 그는 이
론가가 아니라 실제 농사를 짓는 농군이었기 때문이었다. 날이 갈수록, 농
사 아무나 짓는 게 아니라는 생각이 들었다. 그랬지만, 그해 늦가을부터 초

겨울까지 우리가족은 참으로 고소한 새끼배추를 즐겨 먹을 수 있었다.

배추에 곁들어 심어둔 무도 자라기는 마찬가지였다. 무다리처럼 커야 그게 정상적인데 이건 양파 크기 정도로 크다가 중도포기하고 말았다. 과연 먹을 수 있을까? 이 크기에 무맛이나 제대로 날까? 나는 어린 물고기를 놓아주는 미덕에 대하여 계속 생각을 키우고 있었다. 그 생각 사이사이에 똘똘하고 차지게 생긴 녀석에 대한 생각을 끼워 넣었다. 어디 담가나 보자. 맛이야 나중에 챙길 일이고. 겨울이 깊어진 어느 날 마땅한 찬이 없었을 때 그 녀석 생각이 불현듯 떠올랐다. 기가 막히게 익은 맛에 나는 넋을 잃을 지경이었다. 이런 김치 맛은 어디서고 찾을 수 없을 거라고 생각했다. 그 겨울을 지내고 봄이 무르익을 때까지 나는 그 무김치의 매력에서 헤어나지 못했다. 보통 무김치는 동절기를 지나면 물렁거리지만 이놈은 딴딴해서 아삭거리는 소리까지 냈다.

나는 올해에도 뿌려놓은 무순을 솎음해서 비빔밥을 해먹을 작정이다. 늦가을로 접어들수록 작은 무가 제자리에 앉을 수 있도록 배려해줄 참이다. 이놈은 어김없이 지난해의 그 맛을 보전해주리라 믿어 의심치 않는다. 나는 그나마 세상 살아가는 재미가 여기에 있었구나 생각하게 된다.

곧 된서리가 내릴 것이다. 그리고 이내 겨울이 될 것이다. 부지런히 다니던 텃밭에는 발걸음이 뜸해질 것이다. 내년 봄, 눈 속에서도 이파리를 쏘옥 내밀 유채꽃을 인내심 있게 기다리려고 한다.

늙는다는 것은

　늙는다는 것은 아름다운 것이다. 점점 더 늙는다는 것은 점점 더 아름다워지는 것이다. 이렇게 생각하는 것은 내가 느끼는 내 경우를 말하는 것이다. 많은 다른 사람들은 쉽게 받아들여지지 않는 대목일 수도 있다. 그러다보면 늙음을 억지로 피해가려고 앙탈을 부리는 것 같게도 보인다. 뭔가를 숨기고 있는 것 같기도 하고 뭔가를 감추고 있는 것 같기도 해 조금은 볼썽사납게 여겨진다. 하지만 늙은이치고 다들 한번쯤은 진시황의 불로초 이야기에 귀 기울인 적이 있을 것이다. 진시황의 불노초사건 이후 안 늙는 비법은 물거품이 되었지만.

　할머니집 곰탕이 인기 있는 이유가 어디에 있을까? 마치 그 할머니가 그 곰탕 드시고 오래오래 살았다고 생각하기 때문일 것이다. 그렇게 해서 오래 산 흔적이 후손들의 유전자에 영향을 미칠 것이라 미루어 짐작하기 때문일 것이다. 아무튼 불로장수는 포기하고 장수만이라도 받아들이겠다는 심보로 보인다. 그래도 그 정도라면 바른 생각으로 돌아온 것 같다.

오래전 십이지장궤양으로 병원 신세를 진 적이 있었다. 검은 변이 궤양의 징후란 걸 몰랐었다. 그런데 친절한 간호사가 스크랩한 의학상식쪽지를 복사해 나에게 건네주었다. 흑변의 징후가 사망으로 이어질 수 있다는 활자가 클로즈업되어 나에게 충격을 던져주었다. 나는 혹시나 하는 생각에 유언장을 쓰게 되었고 그 여파로 온 가족이 침통해져버렸다. 체중이 7kg쯤 빠진 몰골에다 매일 수혈을 하고 있었으니까. 40대 후반의 나이는 아직 살아갈 세월이 하도 많이 남아 있어 참으로 안타깝다는 심정이었다. 간호사의 지나친 친절이 독이 되긴 했지만 한편으로는 나에게 남겨진 세월에 대한 소중함을 일깨워준 교훈이 되기도 했다.

요즘은 70대로는 노인행세하기가 만만찮아졌다. 워낙 고령인 윗분이 많아지다 보니 70대는 노인정의 심부름꾼 역할이 제격이 된 것 같다. 그래도 70대면 귓불이 늘어지고 코가 실없이 펑퍼짐해진데다, 모든 검은 색이 흰색으로 몽땅 탈바꿈해버린다. 머리카락도 빠져 듬성해지고 눈썹도 몇 가닥 없는 게 그나마 하얗게 새지요. 어디 그뿐이겠는가, 몸의 구석구석 치렁치렁하게 널어진 주름, 주름, 주름. 온몸을 주름이 휘감고 있다. 이런 징조들은 자연으로 되돌아갈 시간이 임박한 사람들에게 예약된 사항이다. 산꼭대기를 바라보는 게 아니라 땅바닥을 물고 땅바닥에 가장 가깝게 엎드려 기어 다니는 사람들에게 부과된 사항이다. 거센 파도소리가 자장가처럼 들리는 것은 귀가 먹은 탓이다. 된장찌개가 다 타도, 김치가 시어 터져도 괜찮은 것은 콧구멍에 마늘을 박고 콩콩거릴 수밖에 없는 그들만의 특권이다. 돋보기안경을 꼈어도 누가 오는지 가는지 무심할 수 있는 것은 그들의 전유물이

다. 율동을 잃은 조각상 같은 그들에게 변화를 줄 필요는 없다. 피가 멈춘
조각상의 삭정이는 칼날보다 더 예리하게 솟구쳐 있기 때문이다.

늙어서 좋은 것들이 많다.

늙을수록 인중이 짧아져 예뻐 보이고, 입술이 안으로 빨려들어 얇은 모
습을 보여주는 것은 정형하지 않은 미녀입술이 되는 것이다. 지하철의 경로
석, 경로를 위한 승강장 등 경로우대 시설과 할인혜택은 노인들을 살맛나는
세상으로 이끌어 간다. 형편이 나은 늙은이는 에쿠스나 비엠더블유를 직접
운전하기도 한다. 할머니 에어로빅 선수단이 각종대회에 참가하여 상과 상
품을 받기도 한다. 호주로 골프 여행을 떠나는 노부부들이 있는가 하면, 푸
켓 노부모 해외여행단의 소식도 심심찮게 들려온다. 정년퇴직을 한 공직자
들 중에는 필리핀의 고산지대로 아예 이민을 하는 분들도 있다고 한다. 평
소 그들이 동경해온 파라다이스로 떠날 수 있음은 노익장을 과시하는 것이
기도 할 것이다. 여러분 중에는 내가 스케일이 좁은 노인얘기를 늘어놓는다
고 투덜대기도 하겠다. 연변 땅 몽땅 얼마면 팔겠소? 라고 기개를 부린 사
람도 지금은 늙은이가 되어 있을 테니까. 아무튼 늙음을 오는 대로 그대로
받아들이려는 세상은 아닌 것 같다. 이따금은 불행하게도 여행 중 유명을
달리 하는 분들도 있다고 들었다. 노인을 위한 상품이 하도 많이 개발되어
빚어지는 현상이라면 그분들을 욕되게 하지는 않을까, 하는 생각이 든다.
나처럼 어울릴 줄 모르는 사람들도 더러는 있는 듯싶다. 인격체인 인간
의 개성은 헤아릴 수 없을 만큼 많을 테니까 어울리지 못해도 괜찮다. 어울

린다고 해서 그게 전부일 수는 없다. 동물의 제왕인 수사자도 무리를 떠나 홀로서기에 성공한 사례이다. 홀로 어쩐다고 해서 허송세월하는 늙은이가 있으리라고는 생각하지 않는다. 개중에는 아파서 거동이 불편한 분이나 회복 불가능한 처지에 놓인 분들도 있을 것이다. 아프고 회복되지 못할 병으로 투병하는 사람들은 늙은이뿐만은 아니지 않겠는가? 2020년이면 인간의 수명이 100세로 향할 것이라는 가설이 현실로 받아들여지고 있다. 바로 우리가 100세 시대를 맞이할 장본인이라는 엄연한 사실을 기꺼이 받아들여야 하지 않을까?

한 암환자가 의사를 찾아와 병을 낫게 해달라고 애원을 했다. 그 환자는 그 후 30년이 지난 지금까지 같은 병으로 의사를 만나고 있다고 했다. 하루는 환자가 의사에게 이렇게 말했다고 한다. 이제 내 나이 90이 되었는데 진작 죽지 않을 거라고 했다면 부자가 됐어도 큰 부자가 되었을 테고 박사학위를 땄어도 몇 개나 땄을 텐데요! 라고. 그러자 의사가 '지금부터라도 시작하세요' 라고 말했다고 한다. 우리는 그 환자가 지금 무엇을 어떻게 해야 할 것인가에 대해 고민할 때라고 생각한다. 최근에는 중증장애자에게 연금을 지급하는 법이 제정되었다. 그리고 장애인에게는 삶의 의미를 새롭게 할 수 있도록 재활의 길을 열어놓고 있다. 90세 된 이 환자에 대하여 깊은 관심을 갖고 그의 길을 열어주려는 것은, 우리가 90에 이르렀을 때 누릴 수 있는 권리를 여는 것과 같은 맥락이 되기 때문이다. 지체하거나 포기할 수 없는 일일 것이다.

60세를 넘긴 정치가가 쩌렁쩌렁 울리는 목소리로 열변을 토하는 모습은 아름다운 것이다. 70세가 지난 종교가가 많은 신도들 앞에서 의젓하게 설교를 하는 모습은 아름답다. 80세의 할아버지 마라토너가 풀코스를 뛰었다는 것은 기적으로 받아들여질 수 없다. 어느 한 방향으로 정진한다면 할머니 보디빌더가 탄생할 수 있을 것이며, 90세가 되어도 승용차를 운전하는 것은 생활의 기본이 될 것이다. 우리의 삶은 그저 살아가는 데만 의미를 부여할 수 없다. 뚜렷한 목표의식과 하고자 하는 굳은 의지가 필요하다고 본다. 인류를 꼼짝없이 사망으로 몰아가는 암도 이제는 완치를 눈앞에 두고 숨 가쁘게 달리고 있다.

늙는다는 것은 완숙으로 들어가는 길목에 선다는 것이다. 무한하게 넓은 완숙의 공간에서 헛디디지 않고, 서두르지 않고, 넘치지 않고, 곁눈질하지 않고, 한 자리에서 미적거리지 않고 살아갈 수 있음은 늙은이들만의 보람일 것이다.

늙는다는 것은 전쟁의 포화 속에서 빗발치는 총탄을 피해 다닌 노련미의 결정체이다. 그러므로 살아남아야 할 충분한 이유가 있는 젊은이들은 진정 용기 있는 늙은이의 그림자 안에 있어야 한다.

자살특공대가 되어 단발기로 이구아나폭포로 돌진하는 용맹을 보여준 늙은이가 있었다. 늙음 이후, 죽음은 필연이 아니라 선택사항으로 바뀌어가는 것 같다. 다시 말해서 피날레에 마주쳐야 할 공포에 떨고 있는 게 아니라 화려한 피날레를 여유롭게 추구해 나가는 것이다. 그러므로 죽음이 상징하는 것은 결코 어둠이 아니다. 암흑은 더더욱 아니다. 죽음은, 모든 빛을 흡

수한 이구아나폭포의 영롱이는 크리스털 같은 불빛에로의 초대를 의미한
다. 그 불빛은 원래 있었던 나의 것이었다. 그동안 잊고 있었던 것을 찾은
것에 불과하다. 죽는다는 것은, 나의 것이었던 영롱한 불빛 속으로 몸을 담
구는 행위인 것이다. 늙은이는 부활하기 위해 존재하는 불사신인 것이다.

내 삶이 끝나는 날은

한 생애가 시작하는 날은 의미가 깊다.

한 생애가 마감하는 날은 더욱 의미가 깊다. 왜냐면 태어날 땐 빈손으로 왔지만 마감할 땐 남기고 가기 때문이다. 혹자는 빈손으로 왔다가 빈손으로 간다고 한다. 맞는 말처럼 들린다. 그러나 생각하기에 따라서는, 그 말은 천 번 만 번 틀린 말이다. 빈손 논리를 앞세운다면 역사는 사라져버린다. 인간은 만물의 영장이므로 결코 빈손으로 떠나지 않는다. 그가 남긴 흔적이 살아있는 우리의 역사가 되는 것이다.

빈손의 역사는 유감스럽게도 천년신라의 고도 반월성의 역사를 일깨우지 못하고 있다. 반월 성지를 걷다보면 허허로움이 느껴지는 이유다. 인걸은 가고 없어도 찬란한 업적은 남아 있어야 하지 않을까?

앞으로 인간의 수명이 백세까지로 길어진다고 장담호언하고 있다. 그렇다면, 100세×10대 할아버지께서 하신 업적을 모른다는 걸 어떻게 설명해야 할까? 어르신들께서 하셨던 일들이 어땠기에 숨겨져야 했고 감추어져야 했을까? 신비스럽게도 짧은 천년의 역사가 천년동안 모습을 드러내지 못하는 걸까? 죽은 역사가 되고 썩은 역사가 되어가고 있을까? 신라 천년의 중심이었던 반월성의 역사를 잃고서야 우리 민족이, 아니 내가 떳떳한 한국인이라 어찌 자처할 수 있단 말인가?

한 가정의 가계도도 마찬가지다. 가계도 역시 면밀하게 그려져 후대까지 남겨져야 하고, 후대는 남보란 듯 넘겨받아 가꾸어야 한다. 선대가 양반댁 종이었던, 머슴이었던 그 자체가 중요한 것이다. 어찌해서 종이 되었으며, 어찌해서 머슴이 되었는지, 그것이 중요한 것이다. 탈 종, 탈 머슴도 매우 중요한 일이겠지만 그보다 종으로서, 머슴으로서 역할을 제대로 잘 했는지를 살펴보는 일은 퍽 객관적일 것 같다.

종이자 머슴이었던 한 한국인은 전 러시아 부호의 살림살이를 도맡아 할 정도로 신임도가 높았다. 그는 그가 주인을 섬겨야하는 종이자 머슴의 신분을 한 번도 잊지 않았기 때문이다. 그는 나이가 들수록 더욱더 지성으로 주인을 섬긴다. 주인은 노쇠해지자 고향으로 돌아가면서 그의 전 재산을 종에게 기꺼이 내놓고 떠난다. 그 종이야말로 손때 묻은 러시아의 전통을 이어받을 수 있다고 믿었기 때문이었으리라. 훗날, 종은 우리나라 최초로 러시아의 잠수함을 사들인 유명인사가 된다. 그는 그가 선택한 종으로서의 삶을 충실하게 살았고, 그 결과 국익에 크나큰 보탬이 되는 일을 해냈다. 그는 국익에 이익이 되는 일이 무엇인지 모를 수도 있다. 그러나 그게 그가 할 일이라는 것쯤은 알고 있었을 것이다.

하루가 다르게 빨리 변하는 세상살이에서 살아가기가, 그리고 살아남기가 여간 힘든 일이 아니다. 진정 살아남으려면 남보다 앞서야한다는 강박관념이 머리를 어지럽힌다. 그래서인지 병원마다 어지럼증 환자가 염주에 줄 꿰듯 늘어서 있다. 한 번 만이라도 생각을 고쳐먹으면 될 것을 싸서 고생길을 걷는다싶다. 고대 그리스의 영광이 지금은 재정적으로 압박을 면치 못하고 있다. 부의 상징이었던 미국도 부채더미에 빠져 혼란스럽다. 영원한 강자도, 영원한 약자도 없는 세상이다. 멀리 내다보면 우리가 살고 있는 한낱 지구도 언젠가는 우주에서 사라지게 될 운명이다. 그에 앞서 인간의 존재는 인간에 의해 흔적 없이 사라지겠지만.

중학교 때 물리선생님이 늘 하시던 말씀이다. 머잖아 미국에 검둥이 대통령이 탄생한다고. 과학자 한 사람이 지구를 멸망시킬 수 있다고. 그 분은 숭어를 돌멩이를 던져서 기절을 시킬 줄은 알았지만 건져 올리다 미끄러져 바닷물에 빠질 줄은 모르셨다. 그 분은 수업시간에 우리들에게 곰 새끼라고 불렀고(자기는 뭐 선생 곰인가, 연어나 잡든지 말든지 웬 숭어를!), 한국전쟁이 끝나자 서울대학교 인문대학 물리학과 교수로 가셨고, 가신 뒤 이름을 날리셨고. 그 후론 그 분의 소식을 접하지 못했다. 미국에 검둥이 대통령이 탄생한 사실을 그 분은 알고 계실까? 그분은 지하에 누워 언젠가 닥쳐올 인류의 최후를 어떻게 맞이할 준비를 하고 계실까.

내일 지구가 멸망하더라도 나는 오늘 한 그루의 사과나무를 심겠다고 한 스피노자의 말이 실감나는 시간이다. 내 삶이 끝나기 전 나는 내 스스로의 기록을 남겨야한다. 가급적이면 모든 기록을 울타리 없는 넓은 마당에 남길 수 있다면 좋으련만. 앞서 강조해서 말했듯이, 이것은 나만의 기록이 아니라 우리 가문의, 우리 주위 사람들의 소중한 흔적을 남기려는 대의가 있음이다. 그리고 마침내는 영구적으로 남아서 언젠가는 내가 남긴 기록이 읽혀지고 음미해볼 가치가 있기를 바라는 바다. 소시민의 작은 삶이 헛되고, 희석되어 참모습이 사라진 우리네 역사를 그냥 내버려둘 수는 없는 것이다.

나를 이해할 후손이 반드시 업을 이어갈 것이다. 이어가야만 역사가 있는 것이다. 뿌리 없는 역사는 존재할 수 없다. 그 뿌리의 시작을 내가 나서 하려는 것이고, 내가 나서 함으로서 다음 타자가 타석에 설 수 있기 때문이다.

우리가 오늘을 살아가는 것은 죽음을 향해 한 발자국씩 따라가는 것에 불과하다. 그러므로 우리는 우리의 죽음에 대하여 아름다움을 남겨야 할 의무를 지고 있는 것이다. 더럽고 추한 것을 남기고 싶어 하는 자가 있을지도 모르지만, 가급적이면 아름다운 것을 남기고 싶어 할 것이다. 아름다움을 공원에 대입해보자. 진실이 가득한 공원에는 아름다움이 가득할 것이다. 아름다운 꽃이 있고, 꽃보다 아름다운 얼이 살아 있고 아름다운 전통이 살아 숨 쉴 것이다.

죽음을 두려워해서는 안 된다. 무서워하도록 해서도 안 된다. 어쩌면 죽음 앞에 부끄러워 할 줄 알아야 한다. 그래야만 참 죽음이 되는 것이다. 그래야만 죽음 앞에 경건해지는 것이다. 그래야만 죽음의 의미를 되살리고, 죽은 자의 모든 것을 물려받게 되는 것이다. 죽음이 대를 잇고 참된 죽음들이 참된 역사가 되는 것이다.

기록을 남기지 못하고 한 줌 흙으로 사라진 숱한 영령들의 역사 또한 먼지처럼, 티끌처럼 날리고 말았다. 그럴 바에야 전쟁이 무슨 소용이며, 전쟁에서 이긴들 무슨 소용이겠는가? 전장에 자진 참가했든, 끌려갔든 그 죽음은 무슨 의미가 있는가? 현충탑을 참배하고 합동으로 절하는 것은 누구를 추모하는 행위인가? 조상도 못 챙기는 사람들의 못난 행위다. 조상의 묘를 잃어버린 못난이가 남의 묘소에 술 붓고 절하는 것과 같은 노릇이다. '모두 내 아들들'이라는 희곡을 읽은 적이 있다. 그렇기 때문에 내 아들은 그만큼 소중한 것이고, 그렇기 때문에 내 조상이 그만큼 소중한 것이다. 그러기에 내 식솔을 건사하지 못하는 가장은 가장 지탄받게 되는 것이다.

내 죽는 날 내 꽃동산에는 꽃들이 만발하리라. 정원 가득 향기가 머물리라. 내 공원에는 대를 이어 살아있는 풀들, 곤충들, 키 작은 사철나무들이 있으리라. 아무렇게나 내버려둔 나의 풀밭엔 꿩이 날아들고, 고란이가 웃자란 들풀 위로 고개를 내밀 것이다.

이씨 왕조의 역사만이 역사가 아니다. 그것마저 비뚤어지고 찢겨 볼품없이 찌그러진 역사이긴 하지만. 내 동산에는 진실 된 기록이 담겨야 할 것이며 사라졌던 꿩과 고란이가 한가로이 노니는 세상으로 되돌아가야 할 것이다. 바르게 잡아나가려는 노력을 수반해야 역사로서의 가치를 얻게 될 것이다.

내 죽는 날, 나는 내 진실을 담은 내 기록을 남기기에 미소 지으리라. 농사밖에 모르셨든 할아버지와 평생 장사밖에 모르셨든 아버지의 아들이 이제야 진실을 알릴 수 있어 기뻐서 눈감으리라.

여자나이 20세

20세의 여자가 있다고 하자.

그녀는 175cm 키에 굽 높은 하이힐을 신고 있다. 작고 갸름한 얼굴에 눈과 코, 귀가 유난히 예뻐 보인다. 몸매는 섹시한 S라인이고, 명문대학 공학과 2학년생이다. 아버지는 대학의 연극학 교수이며, 어머니는 모스크바 대학 러시아문학을 전공했다. 그런 부모의 영향으로 그녀는 이성적이면서도 발랄한 성격을 소지하게 됐다.

가령 말이다.

이 아리따운 20세의 여자가 어느 날 갑자기 70세의 노익장과 혼인을 하겠다고 선언한다면 어떠할까?

여자들은 1:99, 오차범위 제로의 반응을 보일지 모르겠다. 남자들은 2:98 정도는 될까?

"Oh! My God!"

"Oh! No!"

어지러울 듯 들려올 소리 소리들.

그런데.

결혼은 당사자끼리 하는 거니까, 부모의 별도 허락을 받을 나이도 아니니까, 스스로의 결정에 따르게 될 것이다. 부모님과 주위 분들의 저항이 이만저만이겠는가? 하지만 막상 그 커플이 팔짱을 끼고 주례 앞으로 나선다면 당신은 그들에게 침을 뱉을 수 있을까? 신랑의 노티 나는 모습은 제쳐두고서라도 신부의 해맑은 웃음이 얄미워 어떻게 받아들여야 할까?

'글쎄요. 신랑이 살면 얼마나 더 살겠습니까?'

아마도 그게 여러분들 걱정의 중심에 서게 될 것 같은데 동의할지 궁금하다. 70이 뭐 장년이나 되는 것처럼 우쭐거리는 늙은이라고 핀잔을 늘어놓을 게 뻔해 보인다. 어떻게 책임지고, 어떻게 감당해나갈 것인지 안달이 날 수도 있을 것이다. 어쩌면 여러분들은 나하고 생각이 꼭 같지는 않은가? 저는 오랜만에 동기를 만나기나 한 듯 훈훈함이 느껴진다.

그런데 그 부부 일단은 행복에 겨워 잘 살 것 같다.

신혼여행은 크루즈로 세계를 두루 다닐 거고 루비, 사파이어 같은 패물부터 진품명품 선물을 한 아름 받을지도 모르겠다. 세계의 선박 왕 오나시스가 부럽지 않을 거다. 신부는 신랑이 건강하게 오래 살아달라고 기도했을 것이다. 신랑은 신부에게 무릎을 꿇고 예쁜 신부가 되도록 최선을 다하겠다고 다짐을 했을 테고. 천년이나 만년이나 그렇게 살 것처럼 말이다.

지금부터 나는 만약이 아닌 실제 얘기처럼 이야기를 전개하려고 한다.

시간이 흐르고 흘러, 신랑은 100세가 되던 해 천수를 다했다. 30년을 해로해 오면서 그들 부부에게도 반목은 있었겠지만 멋진 삶을 살아가는 데는 성공적이었다고나 할까? 그 사이, 신부는 대학과 대학원을 우수한 성적으로 졸업했다. 신소재에 대한 공학박사학위는 대학 4학년에 취득했고, 경영학박사학위는 대학원 졸업과 동시에 획득했다. 미국유학을 다녀오면서 신부의 학문은 두께를 더해갔다. 귀국 후, 신랑이 경영하는 회사는 신부의 빼어난 수완으로 국내 굴지의 대기업으로 발돋움시켜 놓았다. 50세가 된 신부는 신랑의 임종에 눈물 한 방울 흘리지 않았다. 모든 게 살짝 다가선 게 아니라 예상했던 대로 진행되었으니까. 평소 신랑도 예쁜 신부의 얼굴에 눈물자국을 보여서는 안 된다고 했을 것이다.

신부는 이제 국회의원이 되어 정계에서도 두각을 나타내고 있다. 신부는 일정한 당에 매이기를 거부한다. 어쩌면 국회의원이라기보다는 철저한 사회 봉사자라고나 할까. 신부는 소신대로 그렇게 뚜렷한 주관을 가지고 일에 임한다. 내가 아니면 안 된다는 생각, 한 번도 가진 적 없다. 이제라도 그 일이 내 일이 아니라고 판단되면 나를 믿고 도와준 그들에게 백 배 사죄하고 언제든지 물러날 용의가 있는 사람이다. 사람들은 신부에게 더 큰 정치를 펼치라고 용기를 불어넣어준다.

아들은 고등학교 때부터 남의 회사에 고용되어 이후 10년간 그 자리를 고수한다. 대학이 그에게 그다지 큰 도움이 되지 않는다고 생각해온 터이기 때문이다. 늦게 대학의 필요성을 느낀 아들은 야간대학에 다니고 있다. 아들은 고등학교 졸업과 동시에 예쁜 연상의 여자를 만나 결혼한다. 조혼은 어머니의 예를 따른 것이라고 할 수밖에 없을 것 같다. 30세가 되던 해 아들은 어머니의 눈에 띠어 어머니 회사로 자리바꿈을 한다. 그는 과분하게도 어머니 회사의 과장직을 맡아 동분서주하고 있다.

그에게는 초등학교에 다니는 열 살배기 아들, 아홉 살짜리 딸이 있다. 자상한 아버지가 되어야겠다고 생각하지만 뜻대로 되지는 않는다. 그래도 자기를 이른 나이에 낳아주고 바라지해주시던 그의 젊은 어머니처럼, 젊은 아버지는 아들딸의 소중한 자랑거리가 되나 보다. 애가 애를 낳아 기른다고들 해서 여간 쑥스러운 게 아니었는데 아이들의 생각은 다른 모양이다.

그는 가끔 자기가 120세가 되면 큰 아이가 100세가 될 텐데, 그때까지 그들의 얘기상대가 되어줄 수 있으려나? 하고 생각해 본다. 학자들 중에는 120세까지는 살아야 삶의 본전은 건진다는데, 세상사란 아무도 모르는 일이지 않겠는가? 인간의 수명이 급속도로 길어지고 있다는 사실을 좇아 따라가 보는 거다.

20세 신부 예길 하다 신부의 아들 쪽으로 빠져버렸다.

30년을 함께 부부의 연으로 해로한 신랑은 불교의식으로 화장을 한다. 매장에 대한 유언은 없었지만 신랑의 마지막 종교가 불교여서 따른 것이다. 100년을 버티어 온 이승에 한 줌 재를 남기고 신랑은 사라진다. 그러나 사후에도 그의 명성은 '기아 돕기 자선사업가'로서 세계에 널리 알려져 있다. 그리고 그 사업은 고인의 유지를 받들어 면면히 이어져오고 있다. 신부의 숭고한 정신도 신랑의 그 길을 따라 멀리멀리 뻗치고 있다.

신부는 늘 하던 대로 안락의자에 앉아 모카향이 풍기는 커피 잔을 대하고 있다. 신부가 한가할 때 재충전할 때 하던 버릇이다. 근래에는 신랑에 대한 생각이 한 켜 더 쌓여 앉아 있는 시간이 길어지고 있는 것 같다. 창밖의 넓은 바다를 내려다보며 신부는 수백만 년 전 공룡시대에 대한 상념에 잠길 때가 있다. 혹은 수백만 년 후의 지구를 생각할 때가 있다. 그때 어떤 공룡이 다시 지구상에서 설쳐댈지 생각하면 저절로 웃음이 나온다. 신부는 부끄럽게 웃는다. 신부는 가는 허리를 손바닥으로 감싸며 허리가 휘도록 웃는다. 신부가 100세에 이르러도 창 밖에 출렁거리는 바닷물은 여전히 파랗게 빛날 것이다.

여러분들은 이 신부에게 다시 침을 뱉겠는가? 가령 말이다.

봄날은 간다

1

일자봉의 산등성이를 따라 나란히 열을 지은 나무들이 우뚝 일어서 있다. 마치 성벽에 촘촘히 서서 일전을 기다리는 전사들의 나열처럼 굳세 보인다. 하지만 그들은 아직 앙상하고 메마르다. 산 아래, 남천에 걸린 철교 위로 KTX가 미끄러지듯 달아난다. 갑자기 일자봉은 좌대 위에 놓인 수려한 수석이 된다. 정상에서 길게 흘러내리는 완만한 산줄기가 4월 들머리 봄 풍경을 굼뜨게 한다. 머리 뒤쪽에 서있을 한 그루 산사나무 어린잎이 실바람에 흔들리는 소리가 들리는 것 같다. 산사나무 뒤로는 아름드리 벚나무들이 활짝 꽃을 피워 강변을 껴안고 있으리라.

강바닥에는 영겁의 세월 속에 쌓인 퇴적물 더미 위로 물푸레가 연초록 곱슬머리를 풀어 내리기 시작한다. 다갈색의 마른 갈대숲이 물푸레와 보색 대비를 이룬다. 갈대 밑동 사이사이로 강물이 까불며 흐르고, 차라리 물에 비치지 않는 물푸레의 그림자가 있어 강물은 봄의 생명을 더한다. 미처 겨우살이를 마감하지 못한 원앙 한 쌍이 물푸레 둥치로 곤두박질하며 먹이사냥을 하느라 물빛을 어지럽힌다.

반대편 하행철길에도 화물을 가득 실은 객차가 무게에 겨워 요란한 진동음을 내며 지나간다. KTX 때보다 더 크게 덜컹거린다. 밤에는 그 소리가 삼십 리 밖에서도 들린다고 한다. 뒷기미 나루철교는 그래서 더 많이 알려진 것 같다. 이윽고 화물객차는 무월산 터널 속으로 꼬리를 감췄는지 금방 사위가 조용해진다.

새들의 지저귐이 햇살을 받으며 볼륨이 높아진다. 평소 새들은 방풍림 속에 둥지를 틀고 기거해왔다. 새들은 제 소리에 놀라 소리만큼이나 높이 비상한다. 암수가 사랑놀이를 하나 보다. 봄기운이 넘쳐 자꾸자꾸 높이 치솟아 오른다.

서 있기가 힘에 부대껴 운동장의 모래바닥에 엉덩이를 붙여본다. 차긴 하지만 그다지 싫진 않다. 이렇게 땅바닥에 앉아본 기억이 없다. 그동안 의자에 줄곧 눌러 앉아 많은 시간을 죽여 왔던 터다. 한가롭게 죽치고 앉았을 여유가 없었던 것 같다. 쫓기며 살아온 탓이리라.

여유란 스스로가 만드는 느린 시간이다.

시간이 멈출 리야 만무하지만, 그나마 서서히 흐르게 하기 위해 슬로우비디오처럼 움직이는 게 여유다. 6차선쯤 건널목에서 중증장애자가 팔다리를 절며, 꼬며 도로를 횡단할 때까지 운전자가 깍지를 끼고 기다리는 게 여유다. 아예 핸들에 팔꿈치를 얹고 파란불이 들어왔어도 지켜봐주는 게 여유다. 달리지 않고 속보하지 않고 걷는 게 또한 여유다. 한 단계 아니면 두 단계를 낮추면 저절로 생겨나는 게 여유다.

충혼탑 뒤쪽에 숨어있을 화악산 운주암은 동북쪽으로 구부러진 오솔길이 압권이다. 산행을 즐겨하는 사람들이 세월을 실어 한 땀씩 일궈낸 꼬깃꼬깃한 길을 걷다보면 노란 사탕 같은 산수유를 지천으로 만나게 된다. 자연 속 산수유는 제 흥에 겨워 반길 리 없는 거기에 묵묵히 서있다. 온 산이 노란 향기를 뒤집어쓰고 일정에 쫓기는 등산객들을 유혹하며 산행을 더디게 한다. 일상에서 탈출한 내 마음속에 찾아온 반가운 손님을 감탄으로 맞이한다. 노란 스카프를 두르고 나를 에워싼 산수유의 향기에 취해 그들의 교태를 어여삐 어루만져 준다.

완행열차가 지나간다.

KTX도, 화물열차도 아니다. 기차가 지나가니 다시 일자봉이 좌대 위에 올라앉는다. 나르던 새들도 잠시 그들의 춤사위를 멈춘다. 그들의 신명난 울음소리가 방풍림 속으로 자지러든다. 그 사이 한 마리 버들치가 물 위로 푸드덕 뛰어오른다. 무리들이 다투어 물을 거슬러 오르려는 와중에 일어나는 현상이리라. 물 위로 솟아오른 여러 마리의 등지느러미가 쏜살같이 흐르는 물살을 가른다. 간간이 내 앞을 스쳐 지나가는 행인들이 그들의 등지느러미를 얼핏얼핏 가린다. 행인이나 버들치의 봄 색깔은 유난히 해맑다. 그들의 무늬는 세련되어 있고 스포티하게 느껴진다.

나도 매한가지지만, 연세 높으신 어르신들은 아직 내의와 머플러를 걷어내지 못하고 있다. 2월에 접어들면서 소나무 이파리가 수액을 빨아올리는 소리가 들렸고, 3월에는 복사꽃이 흐드러지게 피어 온 들녘을 하얗게 물들였지만 그건 내 사정과 다르다. 내 사정으로는 '보리누름에 중늙은이가 얼어 죽는다'는 확고한 신념이 있을 뿐이다.

한동안 시선 둘 곳을 잃은 나는 강변을 따라 띄엄띄엄 세워둔 가로등을 발견해낸다. 가로등에는 덩치 큰 해충 퇴치기를 높다랗게 달아놓아 하루살이랑, 나방이랑, 풀벌레, 모기들이 블랙홀인양 빨려 들어간다. 그곳은 그들의 합동 장례장이 되고 있다. 시신은 거미줄에도 이렁저렁 엉켜 있어 갈무리를 잘못한 마귀할멈의 집 형상 같다. 나는 못 볼 걸 본 것처럼 눈길을 슬그머니 딴 곳으로 돌린다.

내일은 간만에 봄비가 내린다고 한다. 이렇게 따사하고 화창한 날씨에 비가 온다는 예보가 조금 황당하다. 하지만 봄날 일기예보는 적중률이 매우 높다. 기압골이 변덕스럽지 않고 느린 변화를 해서 그러리라. 뭔가 뒤틀리게만 살아온 사람들에게는 틀릴 법한 예보로도 들리겠지만, 나는 항상 믿는 쪽에 선다. 그리고 나와 반대 의견을 가진 사람과 그런 문제에 대해선 더 이상 이야기를 진전시키지 않는다. 어떤 경우엔 확실한 근거를 바탕에 깔아둔 화제임에도 불구하고, 그것이 아무리 사소한 일일지라도 턱없이 타인의 인권을 예사로이 침해하는 사례에 봉착하게 되기에. 그리고 끝내는 그들이, 아니면 그만이고, 식으로 뱉은 말에 대한 책임의식 없이 어물쩍 넘어가려 할 때면 가볍게 웃어넘기기가 힘들어진다.

며칠 전부터 내가 앉아 있는 운동장에도 봄단장을 하느라 온통 흙을 파내고, 시멘트 범벅을 하고, 페인트칠을 해서 마무리 작업을 하느라 부산하다. 나무도 옮겨 심고, 운동기구도 새로 들이고 그렇게들 법석을 떤다. 비가 내리기 전에 마무리 지을 일일랑 지어야겠기에 서두르는 것 같다. 어쨌거나 오랜 가뭄 끝에 내릴 비는 단비였으면 싶다. 황사가 끼였거나, 리튬이니 요오드가 끼였거나.

　아침마다, 옷을 겹으로 껴입고 방한모를 뒤집어쓰고 장갑까지 착용하고, 잠수부처럼 중무장을 한 채 봄이 오가는 소리를 듣는다. 기온이 가파르게 오르는 점심때라고 해서 기상상황에 따를 수는 없다. 양지가 음지로 바뀌면 슬그머니 양지로 나온다. 그러다 사방이 어두워지면 낮의 기온은 달아나고 없다. 옷으로도 방한모로도 장갑으로도 잃어버린 온도를 되찾을 수 없다. 내일을 기약하며 거적때기를 말듯 하루의 일과를 접을 수밖에.

　이제는 일어서야 할 때다. 움직이지 않고 꾸준히 먹고 늘려온 살점의 무게가 만만치 않다. 다리와 허리의 힘만으로는 일어서기가 마땅찮다. 부목도 지팡이도 없는 터에, 몸을 빙그르르 돌려 벌벌 기다가 어느 순간 남생이처럼 엉겁결에 일어설 수밖에.

　내일은 나도 완행열차의 승객이 되어 봄이 가는 길을 따라 북상해야겠다. 내리는 봄비는 이곳 벚꽃 잎들을 모조리 떨어뜨리리라. 하루에 70 리씩이나 북상한다는 벚꽃을 맞으러 완행열차는 나를 싣고 쉼 없이 달릴 것이다. 어딘가에는 비가 내리지 않겠지. 그리고 그곳에는 아직까지 벚꽃이 한창이겠지. 나는 슬그머니 허리춤에 차고 있는 안경집으로 메마른 손을 가져간다. 안경너머로, 기차의 차창너머로 다가왔다가 사라지는 벚꽃의 향기를 도무지 놓칠 수가 없기 때문이다. 오늘처럼 하염없이 모래바닥에 엉덩이를 뭉개고 있을 그곳, 흐릿한 내 동공 속에 화사한 벚꽃의 영상이 담뿍 담겨지 겠지.

2

　새벽뉴스에 눈이 먼저 간다. 어제 예보했던 대로 보슬비가 내리고 있다. 아파트 창문에 빗물자국이 비치고 아스팔트 위를 걷는 보행자는 눈에 띄지 않는다. 아직은 먼동이 틀 무렵 이른 시각이므로 그러리라. 뉴스앵커는 연이어 후쿠시마 원전 사고로 우리나라에 미치는 악영향을 강조하고 있다. 빗물 속에 스며있는 방사선 물질이 우리나라 전역에서 검출되었다고 야단법석을 떨고 있다. 노약자나 어린이는 특히 외출을 자제해달라는 주문을 외운다. 그래서 노인들이 새벽 운동을 자제하느라 꼼작하지 않는구먼. 산다면 얼마나 더 오래 살겠다고 그러는지. 그보다는 당장 결리는 팔다리와 쑤셔대는 등짝부터 풀어주는 일이 급선무일 텐데.

　최 노인에게 전화를 걸어본다. 기다리기나 한 듯 얼른 수화기를 들어올리는 소리가 들려온다. 이 시간에 새벽 운동 안 나가고 왜 죽치고 있느냐니까 그가 버럭 화부터 낸다. 뉴스 안 봤어? 오늘 같은 날 비 맞고 다니다 무슨 봉변당하려고. 그는 우유부단하다. 내가 그에게 한 마디 던진다. 히로시마 원폭 때는 일본에 살았다며? 그 때도 방구석 신세만 진건지 모르겠네. 자네 부친 말일세. 자네 말대로라면 나고야 폭격 때 양철 쪼가리로 머리만 가리고 동네방네 두루 다니셨다면서. 거참 생각할수록 대단한 어르신이었어! 그런데 내가 듣기로는, 이번 원전 사고가 비만 무서운 게 아니라는데. 생선이 그렇고, 채소가 그렇고, 마시는 물이 오염돼 제주도산 생수가 바닥이 났다며. 온 세상 하늘에는 방사선 물질로 꽉 뒤덮여 있는데 이 일을 어쩌지, 최 노인! 오래는 살아야겠고. 그렇다고 생선을 먹으랴, 채소를 먹으랴, 바닥이 난 제주도산 생수를 무슨 수로 공급받을 수 있을까? 구멍이 뚫린 하늘 아래 온전히 살아남을 위인이 어디에 있을까? 깊은 동굴 속에서 마늘이나 까먹고 발바닥이나 핥으면서 다시 원시로 돌아가면 어떨까싶네.

나는 기어이 완행기차에 오른다.

촉촉이 내린 비에 먼지가 가라앉아 있다. 가라앉은 먼지는 일부 신발바닥에 눌어붙는다. 주말이면 북새통이었던 여행길이 오늘은 이렇게 한적할 수 있다니. 매스컴의 역할이 크다. 울리고 웃기고, 심지어는 죽이고 살린다.

나는 좌석 표에 아랑곳하지 않고 내가 원하는 전망 좋은 창 측 자리를 차지한다. 지난번 주말 기차여행 때는 승강대 바닥에 두 시간을 앉아왔던 기억이 새롭다. 이래저래 사람에게는 행운이 따르기도 하고 멀어지기도 하는 모양이다. 나처럼 자주 여행을 하는 사람에게는, 행운이 따르면 따르는 대로 좋고 멀어지면 따를 때가 기다려져서 좋다.

이제는 내내 창밖을 내다볼 시간이다.

비 내리는 날씨에 안개까지 동행하면 시계가 엉망이 되어버린다. 더군다나 와이퍼가 부착되지 않은 기차유리창의 상태는 눈을 쉽게 피로하게 한다. 옛날 완행열차라면 창문을 밀어 올릴 수도 있겠지만. 지금은 완전히 갇혀서 묻혀 가는 것이다. 간이역이 흐릿하게 지나가고, 올망졸망한 동네가 지나가고, 동양화에나 있을 법한 포개진 산과 산맥들이 뿌얀 연무 속에 자태를 감추고 있다. 휙휙 달아나는 나무들은 그것들이 꽃을 달고 있는지 떨어뜨렸는지 구분조차 되질 않는다.

몇 시간이 흘렀을 것 같다. 멍청하게 바깥만 내다보다 졸은 시간이 대부분이다. 웬 아주머니가 핸드폰에다 화풀이를 해대는 고함소리에 깜짝 놀라 잠에서 깬다. 거기다 허기가 나서도 선잠을 깬다. 나는 고자배기 잠을 그만둔다. 기차가 멈추고, 플랫폼을 하얗게 물들인 벚꽃의 풍경에 빠져 예상 하지 않은 시간과 장소에서 허겁지겁 내린다. 조그마한 시골역이라 내리는 사람도, 타는 사람도 없다. 당연이 마중 나올 사람이 있을 리 없다. 역사로 들어가 하행선 기차시간표부터 살핀다. 오후 늦게 막차가 있다.

몇 년 전 가을, 이곳에 한 차례 온 적이 있음을 기억해낸다. 그때는 버스 편이어서 역사가 있는지조차 몰랐다. 온 동네가 키 큰 벚나무로 둘러싸여 있어 봄이면 운치가 대단할 거라 생각했었다. 왜 기차를 타기 전에 그 생각을 못했을까? 그러나 무언가 뇌리에 박혀있던 귀중한 것은 거의 무의식 상태에서 표출되게 마련이다. 졸다가 목적지가 아닌 역에서 황급히 내린 게 다 그런 연유에서 비롯된 것이리라.

처음에 기차에서 내렸을 때는 늦은 점심요기라도 해야겠다고 생각했다. 그러나 그런 생각은 금방 지워졌다. 함초롬히 내리는 비사이로 역 앞 쌍갈래 길이 벚꽃으로 우거져 벚꽃터널을 이루고 있다. 벚꽃은 신작로를 한동안 따라가다 실개천을 만난다. 실개천은 동구 밖으로 휘어지고 길은 비포장 농로로 이어진다. 그 길을 따라 다시 벚꽃군락이 시작된다. 샛길은 다시 동네 쪽으로 감돌아들어 또 다른 실개천을 만나 벚꽃을 줄줄이 엮어놓고 있다. 동네가 벚꽃 속에 파묻혀 있는 모습을 연출하고 있는 것이다. 도화는 아닐지언정 여기가 바로 무릉도원이구나. 개울물이 촐촐 흐르고, 꽃은 호들갑스럽게 피어 만발하고, 구름이 걸린 먼 산이 비와 안개 속에 갇혀 있고. 우의를 둘러쓴 나그네의 모습이 한가로우니 세월이 멈춰서있는 듯하다. 낚싯대를 드리우고 미늘 없는 바늘로 물고기를 희롱이라도 해봤으면 좋으련만.

점심조차 설쳤기에 이른 저녁이라도 챙겨야겠다. 그런데 그게 만만치가 않다. 수요가 없으니 공급이 따르지 않을 수밖에. 어묵이나 라면, 아니면 김밥을 파는 분식점은 한두 군데 보인다. 김밥에 어묵국물로 허기를 달래기로 작정하고 동네 가운데로 들어간다. 면사무소가 보이고 맞은편에 올갱이 국밥을 파는 나직한 식당이 자리 잡고 있다. 눈물겹도록 반가운 마음이 든다. 여행을 하는 사람에게 그 고장 향토음식을 먹을 수 있다는 것은 가장 큰 행운인 것이다. 무릉도원에서 올갱이 국밥까지 참으로 과분하고 융숭한 대접을 받는다 싶다.

국밥을 상에다 차리며 안주인이 묻는다. 어디에서 왔냐고. 남도에서 왔다고 답하면서 밥상을 훑어본다. 진수성찬이 따로 없다. 안주인은 내친김에, 여길 어떻게 알고 찾아왔느냐고 한다. 꽃이 하도 보고 싶어서 꽃 따라 왔지요. 봄 되면 다 피는 꽃을, 꽃을 보러 여기까지 와유? 이 우중에. 안주인은 아예 자리를 잡고 똬리를 튼다. 천천히 잡수셔요. 그러다 체하시겠네유. 그렇게 보였던가? 하행기차를 타고 가실 양반 같은데 막차까지는 두 시간도 더 기다려야 하겠구먼유. 여행자에게 두 시간은 그저 흘려보내기 좋은 시간이다. 염려해주는 마음 씀씀이가 고마워 나중에 작별인사라도 하려고 배낭을 맡겨두고 동네 한 바퀴를 다시 돌 양으로 길을 나선다. 안주인이 따라나서며 동네 지리를 찬찬히 일러준다. 아, 이 동네는 역사가 흐르지 않았나보다. 꼭 잠겨 있어 거꾸로 흐르고 있었나보다. 왠지 따뜻한 구들장 같은 온기가 흐르고 있지 않는가. 식당이 아니라 주막 같은 정취에다, 안주인의 서두르지 않는 모습이 도화녀가 되어 고스란히 담겨있지 않는가.

나는 지금 역사 안 길쭉한 나무벤치에 앉아 있다. 기차가 도착하려면 한참을 기다려야 한다. 어두워진 거리에 보슬비가 마냥 내리고 있다. 역사를 밝히는 형광등이 뿌옇다. 기차에서 내렸을 때처럼 사람의 그림자는 보이지 않는다. 이른 저녁을 양껏 먹은 탓으로 자꾸 졸음이 쏟아진다. 삭신마저 따라 저리다. 먼데서부터 기적 소리가 들려오는 것 같다. 기적 소리가 점점 가까이 들려올수록 엄습하는 피곤함은 나를 깊은 잠속으로 점점 이끌어 간다. 나는 벤치에 고개를 떨어뜨리고 앉은 채, 따뜻한 구들장 아랫목으로 발을 비벼 넣느라 발가락을 꼼지락거리고 있다.

3

오랜만에 둔치에 선다. 황사수치가 평소의 열 배를 넘어 노약자들은 출입을 삼가야한다기에 그랬기도 했지만, 실은 된바람이 내려 먼지며 작은 모래 부스러기가 눈 속으로 파고들어 방구석에 박혀 있었다는 게 바른 예길 것 같다. 묵힌 술독처럼 뼈마디가, 살점이 부글부글 괴는 소리를 낸다. 오금이 저려 제대로 쭉 발을 뻗을 수도 없다. 곱게 늙기를 소망하는 사람들의 심정이 이러하리라.

그사이 벚꽃도 무너져 내렸고, 내린 자리에 연초록 새잎이 돋아 있다. 진홍의 철쭉이 새잎과 어우러져 봄의 생동감을 더해주고 있다. 느리게 흐르는 강물이 강변의 생명들에게 듬뿍 생기를 불어넣어 주는 것 같다. 이제 물푸레는 강심에 숲을 이룬다. 방풍림을 오가던 새들은 물푸레 숲을 그들의 아지트로 삼는다. 겨울철새가 날아간 자리에 여름철새가 보금자리를 터나보다. 텃새들의 먹이활동도 반경이 넓어진다. 소나무 사이를 오락가락 하던 청설모 한 마리가 땅바닥까지 내려온다. 내가 손을 저으며 나무위로 오를 것을 종용해도 자기를 부르는 것으로 착각하는지 내게로 가까이 다가온다. 허기야 내 손짓이 오라는 것인지 가라는 것인지 애매하기도 하다. 이맘때쯤이면 팔뚝만한 잉어들이 얕은 물가로 나와 회유하는 모습을 볼 수 있었는데, 오늘은 보이질 않는다.

기차는 쉴 새 없이 왕래하지만 그 큰소리가 잘 들리지 않는다. 매양 같은 데시벨의 소음이 들린다면 귀가 먹거나 불안으로 잠을 설칠 텐데. 삼십 리 밖에서도 들린다는 소리가 코밑에서도 안 들리는 조화가 있긴 있는 모양이다. 무르익는 봄날을 바라보는 강력한 눈빛이 청각장애를 일으키게 하는 것 같다. 오히려 기차소리는 울긋불긋하게 단장한 관광열차가 되어 내 눈을 감미롭게 해준다.

지팡이를 한편에 세워두고 운동기구 옆 시멘트 의자에 앉는다. 며칠 전부터 축제를 벌이느라 왁자지껄했던 자리가 이제는 철거를 맞이하고 있다. 장어구이집도 뜯기고, 간이어린이놀이터도 헐리고, 뭇 장사꾼들의 뭇 가지 장사가 흔적을 감춘다. 각설이 엿장수의 시시껄렁한 만담과 노래도 내년을 기약하며 막을 내린다. 짚공예며, 토우공방, 체험공간도 시끌벅적하던 소리 뒤편으로 사라지고 없다.

행사 첫날엔 아내에 이끌려 야시장엘 간다. 해마다 한 번씩은 들르던 야시장 길이 그날따라 멀기만 하다. 게다가 비는 추적거리고, 환하게 밝힌 백열등은 너무 눈부시다. 황사라서 마스크까지 꼈으니 지팡이 없이는 한발 자국도 옮겨놓을 수 없다. 사람끼리 다닥다닥 붙어 밀려다니고, 거세게 스치고 지나가는 젊은이들 틈새에서 다리가 심하게 후들거린다. 축제 구경도 올해로 마무리 지어야 하겠구나싶다. 나는 나의 깜냥을 꿰고 있다.

아내는 절뚝거리는 다리를 이끌면서 한사코 나를 식당 안으로 밀어 넣는다. 나에게는 국밥 한 그릇을 시켜주고 자기는 오징어 회 무침을 시킨다. 따로 음식을 시키는 걸 보니 엔간히 회 무침이 먹고 싶었던 것 같다. 진작에라도 말했다면 왜 사주지 않았을라고, 사람하고는. 아내는 볼이 차도록 한 입 가득 채우고는 무슨 말인지 알아들을 수 없는 말을 해댄다. 내가 귀를 가까이 댈수록 아내는 목청을 돋워 무어라고 말한다. 알아듣지는 못하지만 건성으로 고개를 끄덕인다. 야시장 이야기 같기도 하고, 먹는 음식에 대한 이야기 같기도 하고. 표정으로 보아 기분 좋은 이야기 같이 느껴진다. 나는 언제부터인가 남의 말을 반쯤만 알아들으면 그것으로 족하다고 생각하고 있다. 시끄러운 야시장 속에서 아내의 말을 못 알아듣는 것은 어쩌면 당연한 일이다. 뿐만 아니라 표정이 좋아 보이면 맞장구를 쳐주면 되는 것이다. 다 알아 듣는다는 것은 과욕이다. 이야기 내용의 반과 표정을 읽을 수 있다는 것은 내겐 큰 행복이 아닐 수 없다.

나는 행사 첫날 어둠속에서, 빗속에서, 황사 속에서, 사람들 속에서 허우적거리던 생각이 떠오르자 괜스레 웃음이 나온다. 오래전 잃어버렸던 웃음이다. 지루한 입원, 수술, 치료를 거치는 동안 하느님이 앗아가 버린 웃음일지도 모른다. 일그러진 얼굴에 검버섯처럼 거멓게 담긴 웃음이리라. 웃음이 가라앉자 숯검정을 둘러쓴 가마솥에 감칠맛 있게 끓여 내놓은 국밥 생각이 난다. 겉절인 비릿한 배추김치의 알싸한 맛이 침을 고이게 한다. 하릴없이 어정거리다 점심시간을 넘기다보니 시장기가 돌아서인가보다. 방갈로처럼 지어진 국밥집이 마지막으로 헐리는 것을 보고 그리로 생각이 쏠린다.

내일 아침부터 조기체육이 다시 시작되겠구먼. 아침을 여는 건강 체조를 언제 그만두었는지 기억이 없다. 내가 열지 않아도 누군가가 매일 아침을 열고 있다. 운 좋은 날이면 나는 그들이 여는 아침의 소리를 듣게 된다. 축제로 들끓던 자리에 가만히 정적이 내려앉아 있다. 어젯밤까지 울려 퍼지던 축포소리에 멀었던 귀가 뚫리지 않아서일까. 아직껏 귓속이 먹먹하다. 실은, 먹먹하게 사는 게 일상이지만 오늘은 좀 더 심한 것 같다. 활기차게 움직이는 모든 사물들이 마치 소리를 잃은 영화를 감상하는 느낌으로 다가온다.

이팝나무에 매달린 새하얀 꽃잎이 연초록 이파리와 경쟁하듯 창공으로 치솟는다. 이팝나무 꽃줄기는 파란 하늘에 매달아놓은 여름날 뭉게구름을 연상케 한다. 오래전 다녀왔던 몽골, 십년도 더 됐을 것 같은 그곳 공항에 걸려 있던 사진이었던가, 그림이었던가, '구름 한 점'이 생각난다. 울란바토르 공항의 코발트색 하늘과 구름 한 점, 그게 몽골을 대변하고 있었다. 나는 몽골을 다녀온 후로는 해외 여행길에 나서지 못하고 있다. 몽골은 생애 마지막 여행지라고 한 말을 고스란히 받아들이고 있다.

비가 개인 운동장 곳곳에 개미들이 수방공사를 한 흔적이 보인다. 그들이 드나드는 출입구에 동그랗게 쌓아올린 노란 모래 무더기가 기하학적이다. 그것들은 피라미드를 쌓은 이집트인의 예술에 버금간다. 진력을 쏟은 개미들은 휴식 중인지 얼씬하지 않는다. 파김치가 되어 초죽음에 이르렀으리라. 물가에 둥지를 튼 조상들에 대한 원망은 없다. 다만 고단함을 훑어낼 깊은 잠에 빠져 있을 뿐, 아직은 겨울채비를 서두를 때가 아닌 것 같다.

일자봉에 줄지어 서있던 병정들의 갑옷이 어느새 녹색으로 바뀌었다. 그리고 죽렴처럼 스크럼을 짜듯 조여 있어 멸치 한 마리 빠져나갈 공간이 없다. 갑옷은 연초록의 가냘픔에서 진초록의 무성함으로 가고 있다. 높고 낮은 산들이, 구릉들이 푸름으로 달려와 자꾸만 나를 에워싼다. 그런데 답답하지가 않다. 가슴이 뻥 뚫리는 시원함을 만끽하게 한다.

4

오늘은 운동장에서 벗어나 90도 각으로 토라져 앉는다. 남천이 서로, 남으로 갈라지는 지점이다. 서쪽으로는 송림을 거쳐 조그만 쉼터에 이른다.

내가 앉은 곳은 약간 남쪽으로 치우친 데다. 정면으로 흐르는 남천이 왼편으로 꺾여 돌아나고, 오른편으로는 다른 갈래의 남천이 흐르고 있다. 원래는 물길이 고루 트여 있었지만, 보를 만들면서 흐름이 바뀌었다. 그러나 오늘은 예외다. 삼일간이나 비가 내려 수량이 풍부해지면서 물은 보를 넘쳐흐르고 있다. 보를 넘는 물이 물보라를 일으키며 콸콸 소리를 낸다. 물보라 위로 기차가 달려와 내 귓전을 스치며 지나간다. 물소리, 기차소리가 어우러져 억센 오케스트라를 만들어 내 귀를 다시 먹먹하게 한다.

황새가 사라진 옛 자리에 왜가리 한 마리가 강변에 서 있다. 분명 이곳에서 지난겨울을 난 녀석이다. 얼음장처럼 시린 물속에 발을 담그고도 용케 삶을 지켜낸 녀석에게 갈채를 보낸다. 그러나 녀석의 노쇠한 갈색 깃털은 푸스스하다. 올겨울도 무사히 버텨낼까? 녀석은 갈댓잎이 발바닥을 밀어 올려도 꿈적하지 않는다. 표정을 잃은 내 모습을 닮은 듯 웃지 않고 서 있다. 선채로 화석이 되려나.

빨갛던 철쭉꽃이 내린 비에 녹아내렸다. 이팝나무 하얀 꽃술도 눈처럼 길바닥에 깔렸다. 장승이 되어 우두커니 선 암각화가 철쭉꽃을, 이팝나무 꽃술을 내려다본다. 암각화는 그들의 최후를 지켜본 증인일 수밖에 없다. 청동기 시대부터 무늬바위 조각상이 되어 무수한 생명체가 사라지는 것을 지켜보고 있었으니까. 그들은 새로이 조명되었고, 여기 조각공원에 오기까지 그들의 인고는 바위마냥 야물었다. 강변을 따라 외줄로 나란히 서 있는 청동기적 해골그림이 나에겐 정겨움으로 다가온다. 어렸을 때, 무덤 근처만 가도 왜 그리 오금이 저렸던지. 나를 그렇게 겁먹게 했던 윤리가, 도덕이 지금은 어디로 가고 없다. 학생 밀양 박공 위……, 배유인 벽진 이씨……, 라는 비문에 눈길이 머문다. 상석 앞에 플라스틱으로 만든 갖가지 꽃들이 꽂혀 있다. 고인을 그리워하는 손길이 다녀간 흔적이다. 이제는 산으로 올라간 무덤이 산 아래로 내려왔으면 좋겠다. 가족단위의 묘소가 모여 있어 휴일마다 거기서 야유회를 즐겼으면 좋겠다. 웃고, 울고, 뒹굴고, 재잘거리기도 하면서. 거기서 도시락도 까먹고, 과자도, 과일도 먹고……. 그래도 휴지나 쓰레기는 아예 되가져가는 환경지킴이 역할을 썩 잘 할 테고. 할아버지 할머니께서 누가 휴지를 잘 줍나 보고 계실 테니까.

지난주에는 생명을 근근이 이어가던 김 노인이 세상을 떴다. 왔다가 돌아가는 게 인생이다. 흐르는 강물처럼 흘러왔다가 흘러가는 것이다. 그와 나는 한마을에서 태어난 동갑내기 고추친구다. 그는 남달리 잘 살아보겠다고 어릴 때부터 타향에서 맴돌았다. 삶이 그렇게 바빴던지 강산이 바뀌어도 고향나들이 한 번 못한 친구다. 내가 그의 부음을 전해들은 것은 매장이 끝나고 삼오가 지난 후였다. 나는 그가 어디에 누워있는지조차 모른다. 태워서 가루를 선산에 묻었겠지 짐작할 뿐. 갈수만 있었다면 잘 가시라고 흙이라도 꼭꼭 밟아주었으련만. 노리에 이르도록 편안하기는커녕 자식 뒷바라지도 끝내지 못해 허덕인다는 소문은 들었다. 흔해빠진 자식들이 지지리도 풀리지 않아 애비한테 기대기만 했었다지. 결혼도 못한 자식이 있나 하면, 결혼한 자식이 이혼을 해 굴러들어오고. 혼자가 아니라 혹까지 붙여다 놓으니 호구지책도 어려운 지경이었겠지. 한때는 아들 부자라고 우쭐거린 적도 없진 않았겠지만. 귀신이 눈이 멀었지 나 같은 사람 안 잡아가고, 사는 게 하도 지겨웠으면 그런 소릴 다 했을까. 지긋지긋하게 쪼들리며 살아온 세상, 이제는 모든 걸 놓아버리고 조용히 눈을 감았으면 싶었겠지. 길지도 않은 이승 삶, 그렇게 끝내고 말 것을.

　나는 부처님을 모른다. 어렸을 때 어머니를 따라 암자에 간적은 있었다. 그때 먹었던 절밥이 고소했고 맛있었다는 기억이 뚜렷이 남아 있다. 내가 중학생이 되던 해, 어머니는 막내 여동생을 낳으셨는데 산후조리가 안돼 큰 병을 얻으셨다고 생각된다. 분도병원으로, 메리놀병원으로 전전하시다가 가톨릭으로 개종을 하셨다. 나는 어머니의 권유가 없었지만 그쪽으로 관심이 쏠렸다. 그러나 나는 성모의 자비를 모른다. 군뎰 갔을 때 친구 따라 강남 가는 식으로 영세를 받았다. 교적부에 내 이름이 올려 있겠지만 나는 식사 전 기도를 올리지 않고 있다. 언젠가 4월 초파일경 거리를 지나다 봉축! 부처님 탄신을 축하드립니다. ─○○성당 천주교 신자 일동, 이라는 플래카드가 나부끼는 것을 보았었다. 종교의 교류발전이랄까 새로운 모색이 누적된 앙금을 걷어내고 있다고 생각 키워졌다. 나는 불교 때문에, 가톨릭 때문에 갈등을 느껴본 적이 없다. 다만 자신이 신봉하는 종교에 귀의하지 못함을 분노하고, 애석하게 생각하는 사람들로 인해 울적할 때는 있었던 것 같다. 내가 새삼 불교를 숭상하게 된다면 부처님의 가호가 결국엔 그러하거늘, 이라고 할까? 그것은 내가 종교를 모독하는 대역죄에 해당할 따름일 것이다.

　내 선배 한 분은 평생 바이블 연구에 몰두하셨지만 결단코 크리스천은 아니셨다. 누가 그를 크리스천으로 구제할 수 있을까? 순교로서 크리스천임을 보인 분도 계셨고, 바이블 연구로 교회사에 큰 획을 그으신 분도 계셨지. 내 본명인 베르나르도 역시 후자에 속하는 성인이셨고.

선배님은 버릇처럼 자연으로 돌아가겠다고 했고 끝내는 그가 바라던 자연으로 돌아가셨지만. 글쎄, 그가 자연주의의 열렬한 신봉자였든 지는 모를 일. 내가 아는 그 선배님은 매우 영특한 분이셨고 남들과는 잘 어울리지 못하는 분이셨지만 막걸리가 있는 곳에서는 늘 그곳에서 발견되셨고, 술집에서 술집 아가씨는 필수적이라는 논리를 펴던 분이셨다. 그러나 술로 인한, 아가씨로 인한 스캔들로 물의를 일으키는 사람들에 대해서는 호된 꾸지람을 하셨던 분이다. 내가 생각하기에 그분은 웬만한 종교인보다 극기심 있고 또한 배려가 있는 분이라고 기억된다.

직업의 갈래가 하도 많다보니 어떤 이는 기독교인이자 불자이고, 어떤 이는 삼종, 사종의 직종을 가진 다직종인이 있다. 짧은 창자에 그 많은 것을 취해 어떻게 소화를 시켜내는지. 종교인이면서 아닌 사람, 아니면서 종교인인체 하는 사람, 분명하지 않은 색깔을 띠는 이 사람들의 직종은 무직일까, 아니면 다직종인으로 분류를 해야 할까? 분류학자들의 밥벌이 수단으로 남겨둘 과제인 것 같다.

봄은 겨우내 얼려놓은 것들을 풀면서, 낡고 병들었던 것들은 죄다 쓸어버리고 정리했다. 죽음을 자연의 섭리로 담담히 받아드리던 선배님도, 오랜 병으로 신고를 치르던 친구도 끝내 탈락시켰다. 그리고 남은 것들을 추슬러 새봄맞이에 나섰다. 건강한 씨앗으로 한 해 사리를 시작한 것이다. 죽은 자는 말이 없으니까, 그렇게 하는 것이다. 가뜩이나 입맛을 잃은 나에게는 발

밑까지 다가온 죽음의 그림자가 선명하게 보이는 것 같았다.

춘궁기의 죽음에서 생명을 건져내주었던 질경이나물이 지금 내 발아래에 깔려 신음을 하고 있다. 질경이는 지천으로 줄을 서 있어도 눈길 한번 받지 못한다. 무슨 독초가 저렇게 널려 있느냐는 듯. 그러나 내 경우는 다르다. 내 몸 안에 숨어있는 열을 내려주었고, 잠을 설치게 했던 가래로부터 해방시켜주었던 명약이었기 때문이다. 나물밥으로, 국으로, 쌈으로, 튀김으로, 장아찌로, 김치로 한 결 같이 먹던 음식이 아직도 물리지 않는다. 그중에서도 내가 즐겨먹는 질경이요리는 역시 질경이나물이다. 싱거우면서 살짝 달착지근한 맛, 들기름, 마늘, 쪽파가 한데 어우러져 만들어내는 상큼한 맛, 그게 질경이의 진짜 매력이다. 하지만 요즘은 그것마저도 즐길 기회를 갖지 못하고 있다. 왕관모양의 씨앗이 영글어지면 철버덕 땅바닥에 주저앉아, 줄기나 열매를 채취해 말렸다가 차라도 끓여 마실 수 있으려나?

짝을 찾는 수비둘기의 울음소리가 애처롭고 애틋할 때, 봄날은 간다. 먼 산 딱따구리가 딱따그르르 둥지를 쫄 때, 봄날은 간다. 감꽃을 달 씨눈이 쏘옥 삐져나올 때, 봄날은 간다. 감자알이 드느라 쭈뼛한 북이 갈라질 때, 봄날은 간다. 뺏마른 귀보리가 익기도 전에 베어질 때, 봄날은 간다. 아카시아 꽃이, 민들레꽃이, 수목원으로 간 할미꽃이 이울어질 때, 느릿느릿 봄날은 간다.

에스키모 복장으로 봄을 나겠다던 최 노인이 우장 같은 옷을 벗어던지자, 봄날은 간다. 견딜만하다던 김 노인이 세상을 뜨자, 봄날은 간다. 외롭다고 뻔질나게 안부를 물어오던 캐나다로 이민 간 친구에게서 소식이 뚝 끊이자, 봄날은 간다. 그동안 귓불이 길어지고 코가 펑퍼짐해지도록 살아온 나에게서, 속절없이 봄날은 간다.

5월의 끝자락을 잡고, 여름 꽃 피우려 봄날은 가나보다.